eXamen.press

T0253499

eXamen.press ist eine Reihe, die Theorie und
Praxis aus allen Bereichen der Informatik für
die Hochschulausbildung vermittelt.

Raimond Reichert · Jürg Nievergelt
Werner Hartmann

Programmieren mit Kara

Ein spielerischer Zugang zur Informatik

Zweite, überarbeitete und erweiterte Auflage
Mit 103 Abbildungen

 Springer

Raimond Reichert
Jürg Nievergelt
Werner Hartmann

Eidgenössische Technische Hochschule Zürich
Departement Informatik
8092 Zürich
Schweiz

Bibliografische Information der Deutschen Bibliothek
Die Deutsche Bibliothek verzeichnet diese Publikation in der Deutschen
Nationalbibliografie; detaillierte bibliografische Daten sind im Internet über
http://dnb.ddb.de abrufbar.

ISSN 1614-5216
ISBN 3-540-23819-0 2. Auflage Springer Berlin Heidelberg New York
ISBN 3-540-40362-0 1. Auflage Springer Berlin Heidelberg New York

Springer ist ein Unternehmen von Springer Science+Business Media

springer.de

© Springer-Verlag Berlin Heidelberg 2004, 2005
Printed in Germany

Satz: Druckfertige Daten der Autoren
Herstellung: LE-TeX Jelonek, Schmidt & Vöckler GbR, Leipzig
Umschlaggestaltung: KünkelLopka Werbeagentur, Heidelberg
Gedruckt auf säurefreiem Papier 33/3142/YL - 5 4 3 2 1 0

Vorwort

Computer prägen unseren Alltag. Angefangen beim Mikrowellenherd über Waschmaschinen, Videorecorder, Billetautomaten, elektronischen Zahlungsverkehr bis hin zu Flugreservationssystemen sind wir mit Computern konfrontiert. Im Berufsleben kann sich kaum jemand Werkzeugen wie Textverarbeitungssystemen, Tabellenkalkulation oder Datenbanken entziehen, und unsere Kommunikation findet zunehmend via E-Mail und World Wide Web statt.

Die computerbasierten Technologien eröffnen einerseits neue Möglichkeiten, andererseits nimmt die Komplexität unseres Lebensumfeldes zu. Um diesen Herausforderungen gewachsen zu sein, braucht es ein fundiertes Verständnis für die Funktionsweise von Computern und Softwaresystemen. Die Grundlagen der Informations- und Kommunikationstechnologien müssen deshalb heute Teil der Allgemeinbildung sein. Das stellt die Schule vor eine schwierige Aufgabe: Was gehört zu diesen Grundlagen? Das komplexe Gebilde der Informatikwelt umfasst verschiedene Schichten. Nach aussen sichtbar sind für die meisten Leute nur die Informatikanwendungen. Die Verlockung ist gross, in der Ausbildung die Handhabung dieser meist kurzlebigen Anwendersysteme in den Vordergrund zu stellen. In der Schule dürfen aber nicht kurzlebige, produktorientierte Kenntnisse und Fertigkeiten im Mittelpunkt des Unterrichts stehen. Entscheidend ist die Betonung fundamentaler Ideen. Nur Konzeptwissen erlaubt später den Transfer auf andere Situationen und ermöglicht es, die wachsende Komplexität in der Informationsgesellschaft zu meistern. Im Berufsalltag bleibt keine Zeit für die Vermittlung von Grundlagenwissen.

Was sind aber die grundlegenden Konzepte jeder Informatiklösung, die auch ein Laie verstehen sollte? Alle Informatiksysteme haben mit Algorithmen bzw. Programmen und Daten zu tun. Entwurf und Implementation von Softwaresystemen steht deshalb im Zentrum der Ausbildung von Informatikingenieuren. Das Erstellen grosser Systeme kann aber nicht Ziel einer allgemeinbildenden Schule sein. Ziehen wir den Vergleich mit der Kompetenz „Schreiben", die unbestrittenermassen zur Allgemeinbildung zählt. Ziel der Schule ist es nicht, alle Schülerinnen zu Journalistinnen und alle Schüler zu Romanautoren auszubilden. Vielmehr übt man Schreiben an kleinen, oft künstlichen

Gegenständen, etwa Aufsätzen, Musterbriefen oder fiktiven Zeitungsartikeln. Genauso verhält es sich mit dem Programmieren. Anhand kleiner Programme soll der Schüler einen Einblick in den Kern einer Informatiklösung erhalten.

Die Analogie zwischen Schreiben und Programmieren kann weitergezogen werden: Den Werkzeugen „Papier und Bleistift" entsprechen Anwenderprogramme. Für die effiziente Nutzung beider Werkzeuge braucht es Fertigkeiten. Den zum Schreiben verwendeten natürlichen Sprachen entsprechen die Programmiersprachen. Kenntnis der Syntax und Semantik sind unabdingbare Voraussetzungen für die Nutzung beider Sprachtypen. Neben den Werkzeugen und den Sprachen braucht es eine Schreibumgebung bzw. eine Programmierumgebung. Schreibumgebungen reichen von einfach bis komplex: Für einen Primarschüler genügen Pult, Papier und Bleistift, für einen Historiker kommt eine Bibliothek hinzu, und ein Statistiker benötigt eine Datenbank. Genauso benötigt Programmieren eine Programmierumgebung. Und hier ist die Schule mit einem Problem konfrontiert: Die Programmierumgebungen wurden immer umfangreicher und sind keineswegs mehr einfach zu handhaben. Der Einstieg ins Programmieren im Unterricht ist zu einer schwierigen Aufgabe geworden. Hier setzt dieses Buch an. Es ist ein Plädoyer für das Programmieren als Teil der Allgemeinbildung in der Informationsgesellschaft, und es zeigt konkret einen einfachen und anschaulichen Weg auf, wie in der Ausbildung erste Programmierschritte gemacht und anschliessend wichtige Konzepte vermittelt werden können. Im Mittelpunkt steht ein einfaches Berechnungsmodell und eine ebenso einfache Programmierumgebung.

Kara – der programmierbare Marienkäfer – ist ein Roboter, implementiert als endlicher Automat mit auf den ersten Blick eng beschränktem Funktionsumfang. Ohne die Syntax einer Programmiersprache oder die Bedienung einer Programmierumgebung kennen zu müssen, lässt sich Kara durch die Welt steuern. Fast spielerisch lernt man in der einfachen Lernumgebung die wichtigen Konzepte von Algorithmen und Programmiersprachen kennen. Und wenn der Marienkäfer scheinbar an seine Grenzen stösst, hat man genügend Rüstzeug, um in der Lernumgebung MultiKara gleichzeitig mehrere Marienkäfer auf die Reise zu schicken und sich so mit der Koordination nebenläufiger Prozesse auseinander zu setzen. Schnell stellt sich auch die Frage, welche Aufgaben der Marienkäfer lösen kann und welche nicht. Der Schritt zur Auseinandersetzung mit Berechnungsmodellen und Fragen der Berechenbarkeit ist naheliegend. In der Lernumgebung TuringKara kann mit einer einfach zu handhabenden zweidimensionalen Turing-Maschine experimentiert werden. Nach einer solchen Einführung in die Welt der Algorithmen und Programme wird der Übergang zu einer mächtigen, professionellen Programmiersprache leichter. Die Lernumgebung JavaKara bietet einen sanften, attraktiven Übergang von endlichen Automaten zur Sprache Java.

Kleine, künstliche Miniumgebungen werden schon seit langem für den Einstieg ins Programmieren verwendet. Handelt es sich bei Kara nur um eine weitere Miniumgebung? Im Unterschied zu den gängigen Miniumgebungen, deren Funktionsumfang im Laufe der Zeit immer grösser wurde, ist der Sprachumfang von Kara minimal. Kara beruht auf dem einfachen, aber grundlegenden Konzept endlicher Automaten. Dieser Ansatz hat für den Unterricht noch zwei positive Nebeneffekte: Zum einen sind endliche Automaten für die meisten Einsteiger ins Programmieren neu. Allenfalls grosse Unterschiede in den Vorkenntnissen fallen damit weniger ins Gewicht. Zum anderen sind uns aber endliche Automaten aus dem Alltag bestens bekannt.

Neben den Lernumgebungen werden im Buch als Hintergrundinformation konsequent und in ebenso einfach lesbarer Form wichtige Grundlagen der Informatik eingeführt: Berechnungsmodelle, endliche Automaten und nebenläufige Prozesse. Das Buch ist als Einführung in die Begriffswelt der Programmierung gedacht, aber ohne Betonung einer konventionellen Programmiersprache. Angesprochen sind alle, die einen Einblick in die Denkweise des Programmierens gewinnen möchten. Als Werkzeug für den Unterricht wird es vorwiegend Lehrerinnen und Lehrern nützen, die in der knappen verfügbaren Zeit den Schülerinnen und Schülern einen Einblick in die Welt des Programmierens vermitteln möchten.

Die Lernumgebungen Kara wurden an der ETH Zürich entwickelt von Markus Brändle, Werner Hartmann, Jürg Nievergelt, Raimond Reichert und Tobias Schlatter. Die Programmierumgebung Kara selber und eine umfangreiche Sammlung von Aufgaben und Beispielen steht als kostenloses Begleitmaterial auf dem Internet zur Verfügung:

www.educeth.ch/karatojava

Inhaltsverzeichnis

1

Programmieren im Unterricht – warum und wie?

Der Umgang mit Computern sei kinderleicht, „plug and play" verkündet die Werbung. Woher kommt es dann, dass wir oft schon bei einfachen Aufgaben am Computer scheitern? Es ist wohl das Phänomen der sichtbaren Spitze, die einen zum grössten Teil unsichtbaren Eisberg krönt. „Einschalten und surfen" erscheint selbstverständlich, bis man von Fehlermeldungen unterbrochen wird und sich fragt, was alles hinter dem Bildschirm abläuft. Wie die Spitze des Eisberges besitzen Computeranwendungen einen grossen, versteckten und nicht leicht zu durchdringenden Unterbau. Der Anwender muss diesen Unterbau der Informatik nicht im Detail verstehen, aber er sollte eine Vorstellung der ihm zugrunde liegenden Prinzipien haben. Das Industriezeitalter hat die Anforderungen an die Allgemeinbildung der Gesamtbevölkerung beachtlich erhöht: Lesen, Schreiben und Rechnen gehören seit dem Anbruch des Industriezeitalters zur Allgemeinbildung. Genauso verlangt das Informationszeitalter von jedem einzelnen Kompetenzen im Bereich der Informations- und Kommunikationstechnologien.

1.1 Kurzlebige Fertigkeiten versus Konzeptwissen

Welche Informatik-Kompetenzen soll die Schule vermitteln? Die Schule steht hier vor einer schwierigen Aufgabe. Das komplexe Gebilde der Informatikwelt umfasst etliche Schichten. Nach aussen sichtbar sind für die meisten Leute nur die Informatikanwendungen. Die Verlockung ist gross, in der Ausbildung die Handhabung dieser meist kurzlebigen Anwendersysteme in den Vordergrund zu stellen. Die erworbenen Fertigkeiten erlauben es zwar, ein Problem zu lösen. Schon beim nächsten ähnlichen Problem ist man aber wieder ratlos.

Wir haben es hier mit einem verbreiteten Phänomen zu tun. In einer Zeit des Pragmatismus werden Politiker, Vertreter der Wirtschaft und auch der Mann von der Strasse nicht müde zu betonen, wie wichtig es sei, dass die zu vermittelnden Kenntnisse und Fähigkeiten für die Praxis tauglich seien. Dabei vergisst man allzu leicht, dass die heutige Praxis auf dem Fundament der

Theorie von gestern ruht. Anders ausgedrückt: ohne Bildung auch keine Ausbildung. Heute ist der Umgang mit dem Computer neben Lesen, Schreiben und Rechnen eine weitere Kulturtechnik. Lesen, Schreiben und Rechnen sind ein zentraler Gegenstand in der Ausbildung und die Bedeutung dieser drei Kulturtechniken wird nicht in Frage gestellt. Im Unterschied dazu hat der kompetente Umgang mit dem Computer noch nicht in ausreichendem Mass Eingang in die Bildung gefunden. Heute ist die Informatik eine Basiswissenschaft wie Mathematik oder Biologie. Die Informationsgesellschaft bedingt, dass die Informatik nicht nur als Alltagswerkzeug, sondern auch als eigenes Fach in den Schulen Einzug hält.

Was macht eine Basiswissenschaft aus? Eine Basiswissenschaft wie Mathematik oder Physik orientiert sich nicht an kurzfristigem Zweckdenken, und ihre Auswirkungen auf andere Gebiete sind nicht unmittelbar wahrnehmbar. Erst nach dem Durchlaufen mehrerer Stufen werden die Erkenntnisse einer Basiswissenschaft in der Praxis nutzbar. Man denke hier etwa an den weiten Weg von den Grundlagen der Euklidischen Geometrie bis hin zu Geographischen Informationssystemen; oder an die Zahlentheorie, deren Erkenntnisse erst Jahrhunderte später zur Grundlage der modernen Kryptologie wurden. Da eine Basiswissenschaft nur indirekten Nutzen bringt, bleibt sie zwangsmässig eher theoretisch und abstrakt. Es ist gerade die Tugend einer Basiswissenschaft, das abstrakte Denken, die Begriffsbildung, Analogieschlüsse und den Transfer von Erkenntnissen allgemeiner Natur auf spezielle Anwendungen zu schulen. Nicht nur das Erlernen der grundlegenden Kulturtechniken, sondern auch das Wissen um deren Entstehung ist wichtig. Nur so und gepaart mit einem hohen Mass an geistiger Flexibilität und Kreativität kann ein vorausgestaltender Blick in die Zukunft gemacht werden.

In der Physik herrscht recht grosse Einigkeit, welches die wichtigen physikalischen Grundkenntnisse sind. Stellvertretend seien hier einige Beispiele herausgegriffen, die Inhalt eines jeden Physik-Curriculums auf der Gymnasialstufe sind. In der Mechanik werden wissenschaftliche Vorgehensweisen wie Experiment, Modellbildung, Mathematisierung und Interpretation aufgezeigt. Die Schüler lernen die grundlegenden Erhaltungssätze der Mechanik, den Energie- und Impulserhaltungssatz, sowie deren Anwendungen in der Technik kennen. Der zweite Hauptsatz der Thermodynamik stellt den Zusammenhang sichtbarer Makrozustände mit den zugrunde liegenden unsichtbaren Mikrozuständen her. Optik oder Elektromagnetismus zeigen auf, dass naturwissenschaftliche Erkenntnisse technisch umgesetzt werden und diese Umsetzungen die Naturwissenschaft wiederum vor Erkenntnisprobleme stellen können.

Im Unterricht nehmen diese Themen seit jeher eine zentrale Stellung ein. Erst nachdem man eine fundierte Basis für das Verständnis der Vorgänge in der Natur gelegt hat, setzt man sich mit Physiksystemen wie Motoren oder Atomkraftwerken auseinander. Die Konzentration auf das Fundament der Physik als zentraler Gegenstand des Physikunterrichtes hat sich bewährt. Den Schülerinnen und Schülern werden Grundlagen vermittelt, die es später erlauben, neue Entwicklungen oder Erkenntnisse einzuordnen und vorhandenes Wissen zu transferieren. Den Lehrpersonen und den Herstellern von Lehrmitteln erlaubt die über längere Zeitperioden hinweg stabile Stoffauswahl eine vertiefte Auseinandersetzung und Umsetzung. Physiklehrer sind nicht monatlich mit neuen Releases, Updates und Patches konfrontiert.

1.2 Welche Informatik-Kenntnisse braucht es?

Allgemeinbildende Schulen müssen sich mit den Grundlagen eines Faches auseinander setzen. Für die Lehrperson ist es keine einfache Aufgabe, den Schülerinnen und Schülern aufzuzeigen, worin der Gewinn theoretischer Überlegungen liegt und wie man damit einen Zugang zur Welt und ihren praktischen Gegenständen erhält. In der Physik und Mathematik hat sich über Jahrhunderte hinweg eine Kultur entwickelt, welche die Theorie in den Mittelpunkt stellt. Aktuelle Trends haben kaum Einfluss auf die Fundamente dieser Fächer, und die Lehrpersonen ordnen sich nicht dem Diktat unmittelbar verwertbarer Dinge unter. Damit soll nicht postuliert werden, in der Schule sei dem Praxisbezug kein Stellenwert beizumessen. Ganz im Gegenteil! Aufgabe des Lehrers ist es, anhand guter Beispiele aus der Praxis die Bedeutung eines theoretischen, übergreifenden Zugangs zu unserer komplexen Welt aufzuzeigen. Die Bedeutung der Theorie als Zugang zur Praxis gilt auch für die Informatik, ist aber noch wenig ins Bewusstsein der Gesellschaft eingedrungen.

Betrachten wir den Informatikturm in Abbildung 1.1 eingehender [Nie95]. Der Turm beschreibt die Informatik als ein Gebäude mit vier Stockwerken. Ein riesiger Oberbau ist das Einzige, das die grosse Mehrheit der Informatikanwender aus der Ferne überhaupt sieht. Hier werden Informatiksysteme zur Lösung konkreter Aufgaben eingesetzt, hier weht die Werbung, hier fliesst das Geld – dieses Penthouse hat die ganze Informatik gesellschaftsfähig gemacht. Der Jargon ist benutzerfreundlich: „Wir bieten Lösungen an", sei es durch ein Management-Informationssystem, ein geographisches Informationssystem oder ein CA-x System, das für „computer-aided anything" steht.

Im zweitobersten Stockwerk ist eine moderne Fabrik untergebracht, mit ihren Managern, Projektleitern, Software- und Hardware-Ingenieuren. Grosse Hardware- und Software-Komponenten, halb- oder ganzfertige Bausteine, werden eingeliefert und gemäss voluminösen Spezifikationen zu Standardsystemen zusammengesetzt. Hier predigte man gestern Software Engineering, heute spricht man objektorientiert, morgen wird es ein anderes Tagesthema sein. Dieses Stockwerk wird von den grossen Informatikfirmen dominiert, und da die Miete teuer ist, gibt es einen regen Wechsel.

Gleich darunter ist der unscheinbare erste Stock sichtbar. Das Schild an der Haustür verkündet „al Khowarizmi". Sein Name und Werk inspirierte die Wortschöpfungen Algorithmus und Algebra. Hier arbeiten Einzelkämpfer oder kleine Teams an was? Das weiss man nicht so recht, denn die Bewohner sprechen eine unverständliche Kürzelsprache mit Wörtern wie P oder NP.

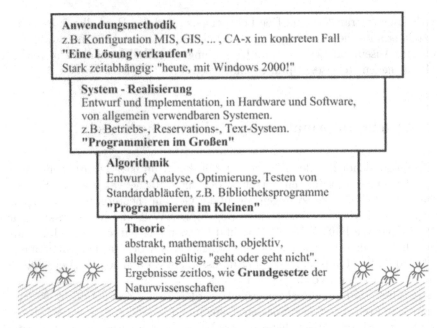

Abb. 1.1. Der „Informatik-Turm"

Im Erdgeschoss oder schon im Keller stösst man auf ein mit Blumen gut verdecktes Refugium, das man kaum sieht. Man munkelt, hier hielten sich einige unberechenbare Einsiedler auf, die sich aus unverständlichen Gründen für das Fundament des Informatikturmes interessierten. Aber seit 1931, als noch einige formal unentscheidbare Sätze aus dem Keller drangen (Kurt Gödel, Über formal unentscheidbare Sätze der Principia Mathematica und verwandter Systeme), hat man nichts mehr von ihnen gehört.

Bei der Festlegung des Curriculums eines Informatikunterrichts ist man unweigerlich mit den verschiedenen Stockwerken des Informatikturms konfrontiert. Die Ansprüche an eine zeitgemässe Informatikausbildung sind vielfältig. Zum einen erwartet man von Schulabgängern Fertigkeiten im Umgang mit Standardanwendungen wie Textverarbeitung oder der Nutzung des Internets. Hier geht es um Produktwissen, das bedingt durch die rasch aufeinanderfolgenden Rochaden in den oberen Stockwerken nur eine geringe Halbwertszeit aufweist. Zum anderen erwartet man von Schulabgängern und Arbeitnehmern ein Verständnis für die grundlegenden Prinzipien, auf denen unsere Informationsgesellschaft aufgebaut ist. Ohne Konzeptwissen ist kein oder nur stark beschränkter Kenntnis-Transfer von einem System zu einem anderen möglich. Anders ausgedrückt: Eine fundierte, allgemeinbildende und trotzdem praxisorientierte Informatikausbildung setzt voraus, dass man den Informatikturm in seiner ganzen Höhe zumindest besichtigt. Ob man von unten nach oben steigen will oder lieber auf der Dachterrasse anfängt, ist nicht so wesentlich.

Was ist nun aber der Kern der Informatik? Betrachten wir die Entwicklung der Automatisierung. Die prozessorgesteuerten Geräte von heute unterscheiden sich von den „Vor-Computer" Maschinen hauptsächlich durch ihre „Intelligenz" – die Fähigkeit, aus einer riesigen Vielfalt von potentiellen zeitlichen Abläufen denjenigen auszuführen, der dem momentanen Zustand der Umgebung angepasst ist. Uhrzeit, Temperatur, Signale aller Art bestimmen das Verhalten eines Geräts. Um die Zweckmässigkeit und Korrektheit eines solchen Geräts zu beurteilen, genügt es nicht, einige wenige Testläufe zu beobachten – man muss gedanklich alle Abläufe erfassen, die auftreten können. Die Fähigkeit, über eine praktisch unendliche Menge von Objekten rational zu argumentieren, wird uns nicht in die Wiege gelegt – sie kann nur durch Schulung entwickelt werden. Diese Fähigkeit wird mit zunehmender Komplexität der technischen Infrastruktur unserer Gesellschaft immer wichtiger. Nicht nur zukünftige Systementwickler, sondern alle Informatik-Benutzer müssen mit komplexen Systemen verständnisvoll umgehen können. Der Computerbenutzer muss die technische Spezifikation des unsichtbaren Eisbergs nicht kennen. Aber er sollte wissen, dass sich unter der Oberfläche eine gewaltige Infrastruktur versteckt und warum die sichtbare Spitze überhaupt schwimmt.

Die Frage ist: Wie kann man einem Anwender den unsichtbaren Teil des Informatik-Eisberges aufzeigen? Noch vor zwei Jahrzehnten musste jeder ernsthafte Computerbenutzer das Programmieren erlernen. Inzwischen hat sich ein drastischer Wandel vollzogen. Die überwiegende Mehrzahl der Computerbenutzer findet Lösungsmethoden für ihre Probleme bereits vorprogrammiert. Äusserst leistungsfähige Anwendungspakete, von Text- und Bildverarbeitung über Tabellenkalkulation bis hin zu Suchmaschinen, bieten viel mächtigere Werkzeuge an, als ein Benutzer selbst je programmieren könnte. Programmieren wurde zur Domäne von hochspezialisierten Software-Entwicklern. Die Endbenutzer müssen nicht mehr selbst programmieren und können auf die mühselige Arbeit verzichten, das Programmieren zu erlernen. Diese Beschränkung der Informatik-Allgemeinbildung auf das Erlernen von Anwenderfertigkeiten ist verlockend, hat aber zwei Nachteile. Erstens konzentriert sich die übliche Einführung in Anwendungspakete fast immer auf kurzlebige Details, die sich kaum auf andere Software übertragen lassen. Grundbegriffe wie zum Beispiel die verschiedenen Möglichkeiten, Daten zu strukturieren und zu kodieren, kommen zu kurz oder gehen ganz unter. Dabei würden gerade solche langlebigen, verallgemeinerungsfähigen Begriffe und Prinzipien, dem Benutzer die Einarbeitung in neue Software wesentlich erleichtern.

Der gewichtigere Nachteil einer anwendungsorientierten Einführung in die Informatik ist schwieriger zu begründen. Dazu betrachten wir den Informatik-Nutzer in Analogie zum Mathematik-Nutzer.

1.3 Die Rolle des Beweises im Mathematikunterricht

Viele technische Berufe verlangen den täglichen Einsatz mathematischer Werkzeuge. Mathematische Formeln oder Sätze wendet man wie ein Software-Paket an: Man überprüft die Voraussetzungen und formuliert die Schlussfolgerung. Den Beweis hat man selten gesehen, so wie man den Code der Software nie gesehen hat. Man könnte argumentieren, nur professionelle Mathematiker müssten das Beweisen von Sätzen erlernen. Für Mathematik-Nutzer genüge es zu lernen, wie man mathematische Sätze anwendet. Warum sind Beweise trotzdem ein wesentlicher Bestandteil des Mathematikunterrichts? Weil wir es niemandem zutrauen, mathematische Sätze sinnvoll und zuverlässig anzuwenden, wenn er den Begriff Beweis nie verstanden hat! Die verantwortungsbewusste Anwendung der Mathematik verlangt nicht nur Routine, sondern auch Verständnis. Ohne Verständnis dessen, was ein Beweis ist, gibt es kein Verständnis der Mathematik – denn ohne Beweis gibt es keine Mathematik.

Selbstverständlich muss der Mathematik-Nutzer keineswegs jeden Satz beweisen können, den er einsetzt. Er muss die Begriffe Satz und Beweis verinnerlichen. Dazu muss er sich durch eine Anzahl von Beweisen durcharbeiten. Genauso muss der Computer-Nutzer keineswegs den Quelltext von jedem Programm kennen, das er einsetzt. Er muss aber den Begriff Programm verinnerlichen. Das kann er nur, wenn er über Abläufe nachdenkt und selber Programme erstellt.

Im Zeitalter der Anwenderpakete wird das Programmieren nicht mehr primär als Werkzeug benötigt, sondern als Gedankengut, das den vernünftigen Einsatz der Werkzeuge ermöglicht, die von anderen erstellt wurden. Eine ähnliche Aussage gilt für jede Art von Allgemeinbildung. Allgemeinbildung beinhaltet ein Gedankengut, das man selten für direkten Nutzen einsetzt, das einem aber erlaubt, Detailkenntnisse von transienter Bedeutung im Tagesgeschäft vernünftig einzusetzen.

1.4 Das Wechselspiel zwischen Mathematik und Programmieren

Der Begriff und die Bedeutung des mathematischen Beweises dient nicht nur als Analogie zur Rechtfertigung des Programmierens als Teil der Allgemeinbildung. Mathematik und Informatik sind eng miteinander verknüpft. Häufig führen mathematische Gedankengänge zu eleganten Programmlösungen und umgekehrt. Zwei auf Edsger W. Dijkstra zurückgehende Beispiele zeigen diesen Zusammenhang an den zentralen Begriffen der Korrektheit bzw. Terminierung eines Programms auf [Dij90]. Beim ersten Beispiel ist die Terminierung des Programms trivial, eine Aussage über den Output des Programms hingegen ist auf den ersten Blick nicht offensichtlich. Beim zweiten Problem ist der angestrebte Output klar, unklar bleibt aber, ob das zugehörige Programm überhaupt terminiert.

Erstes Beispiel: Black and White

In einem Sack befinden sich w weisse Kugeln und b schwarze Kugeln. Es befindet sich mindestens 1 Kugel im Sack, das heisst, es gilt $b+w \geq 1$. Solange sich im Sack wenigstens 2 Kugeln befinden, zieht man zufällig 2 Kugeln. Haben beide Kugeln dieselbe Farbe, legt man eine weisse Kugel in den Sack zurück. Hat man eine schwarze und eine weisse Kugel gezogen, legt man eine schwarze Kugel in den Sack zurück. Das „Spiel" endet, wenn sich nur noch eine Kugel im Sack befindet. Es ist einfach, ein Programm zu schreiben, das diesen Prozess simuliert. Das Programm wird terminieren, denn mit jedem Griff in den Sack reduziert sich die Anzahl der Kugeln im Sack um eine Kugel. Unklar ist, welche Aussage über die Farbe der am Schluss im Sack verbleibenden Kugel gemacht werden kann. Ein mathematischer Gedankengang führt zu einer einfachen Antwort auf diese Fragestellung.

Betrachtet man die drei möglichen Fälle – beide entnommenen Kugeln schwarz, beide Kugeln weiss oder eine Kugel schwarz und eine Kugel weiss – so folgt, dass die Parität der Anzahl verbleibenden schwarzen Kugeln eine Invariante im Programmablauf darstellt (Abbildung 1.2). Ist zu Beginn die Anzahl schwarzer Kugeln gerade, wird am Schluss eine weisse Kugel im Sack verbleiben. Beginnt man mit einer ungeraden Anzahl schwarzer Kugeln, wird das Spiel mit einer schwarzen Kugel beendet. Eine sorgfältige mathematische Analyse der Problemstellung führt zu einer eindeutigen Aussage über den Output des Programms. Das Programm reduziert sich auf die Überprüfung, ob zu Beginn die Anzahl schwarzer Kugeln gerade oder ungerade ist.

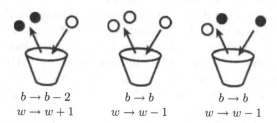

$$b \rightarrow b - 2 \qquad b \rightarrow b \qquad b \rightarrow b$$
$$w \rightarrow w + 1 \qquad w \rightarrow w - 1 \qquad w \rightarrow w - 1$$

Abb. 1.2. Die möglichen Fälle bei „Black and White"

Zweites Beispiel:
Verbindung von n schwarzen mit n weissen Punkten

Gegeben sind in der Ebene n schwarze Punkte und n weisse Punkte, wobei keine drei Punkte kollinear sein sollen (Abbildung 1.3 links). Je ein weisser und ein schwarzer Punkt sollen mit einer Strecke verbunden werden. Die Frage ist, ob es eine schnittfreie Anordnung der Verbindungsstrecken gibt. Eine mathematische Aussage über die Existenz einer solchen Anordnung der Strecken ist nicht auf Anhieb ersichtlich. Ein geschickter algorithmischer Gedankengang liefert jedoch die überraschende Aussage, dass es für jede Anordnung der Punkte mindestens eine schnittfreie Lösung gibt. Ausgehend von einer beliebigen Anordnung der n Verbindungen entfernt man sukzessive einzelne Schnittpunkte von zwei Strecken nach dem Muster in Abbildung 1.3.

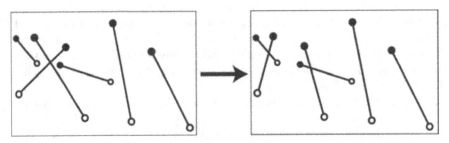

Abb. 1.3. Ebene mit n schwarzen und n weissen Punkten

Entfernt man einen Schnittpunkt zweier Strecken, können natürlich neue Schnittpunkte mit anderen Strecken entstehen und somit die Anzahl Schnittpunkte sogar zunehmen, wie dies in Abbildung 1.3 der Fall ist. Auf den ersten Blick scheint man sich mit diesem Verfahren einer Lösung des Problems kaum zu nähern. Es ist nicht einmal einsichtig, ob das Verfahren überhaupt terminiert. Die Anzahl Schnittpunkte kann während des Programmablaufes steigen und eignet sich daher nicht für ein Terminierungsargument. Wir haben es aber mit einem endlichen Zustandsraum zu tun – es gibt $n!$ verschiedene Anordnungen der Verbindungsstrecken. Für die Terminierung reicht es deshalb zu zeigen, dass obiges Verfahren nie in einem bereits besuchten Zustand landet. Betrachten wir die Summe der Längen aller Verbindungsstrecken einer Konfiguration, sehen wir sofort, dass diese Summe aufgrund der Dreiecksungleichung bei jedem Schritt abnimmt. Jeder neue Zustand weist eine geringere Gesamtlänge auf, also besucht der Algorithmus jeden Zustand höchstens einmal. Das Programm wird damit terminieren. Die Betrachtung des Zustandsraumes führt uns bei diesem Problem zu einem eleganten mathematischen Existenzbeweis.

Die beiden Beispiele zeigen sehr schön, wie sich Informatik und Mathematik gegenseitig befruchten. Beide Beispiele haben keinen offensichtlichen und unmittelbaren praktischen Nutzen. Die verwendeten Gedankengänge erachten wir trotzdem für wertvoll. Sie können uns implizit bei der Lösung anderer Probleme helfen. Nicht der kurzfristige Nutzen steht im Vordergrund, sondern das gedankliche Training.

1.5 Einführung in das Programmieren als Teil der Allgemeinbildung

Wir haben argumentiert, dass dem Verständnis für Algorithmen und Programme in der Informatik-Allgemeinbildung eine ähnliche Rolle zukommt wie dem Beweis in der Mathematik. Nur wenige Schülerinnen und Schüler werden im späteren Leben mathematische Beweise führen, genauso werden nur wenige später selber Programme schreiben. Es kann also in der Schule nicht darum gehen, Programmierer auszubilden. Professionelle Programmiersprachen und -umgebungen sind deshalb im Unterricht für einen Einstieg in die Welt der Algorithmen und der Programmierung nicht das richtige Werkzeug. Nur schon die Bedienung der Programmierumgebung und das Zusammenspiel der verschiedenen Komponenten wie Programmeditor, Compiler, Debugger ist nicht auf Anhieb verständlich. Kommerziell erhältliche Programmiersysteme sind für Experten gedacht, um „Beliebiges" zu programmieren. Als Folge braucht man für die Ausgabe eines einfachen „hello world" ein Manual.

Für Einsteiger ist auch der Sprachumfang gängiger Programmiersprachen zu gross. Die zugehörigen Klassen-Bibliotheken, die professionellen Programmierern die Arbeit erleichtern, bieten eine unüberschaubare Menge von Objekten und Methoden. Einsteiger haben keine Chance, in diesem Wald die Bäume zu sehen. Programmabläufe sind nur schwierig zu visualisieren, weil grafische Darstellungen aufwändig zu programmieren sind. Mit dem Einzug objektorientierter Programmierung stellen sich zusätzliche Schwierigkeiten: Die Kernideen objektorientierter Programmierung sind auf das Programmieren im Grossen ausgerichtet und liegen ausserhalb des Erfahrungsbereichs von Schülerinnen und Schülern.

In anderen, etablierten Schulfächern ist es längst üblich, zwischen professionellen und auf die Schule ausgerichteten Werkzeugen zu unterscheiden. Für den Chemieunterricht gibt es spezielle, auf Ausbildungszwecke zugeschnittene Laboreinrichtungen. In der Pilotenausbildung gibt es Flugsimulatoren mit unterschiedlichen, dem Ausbildungsstand anpassbaren Schwierigkeitsgraden. Börsentransaktionen lernt und übt man sinnvollerweise in einer Simulationsumgebung. Warum soll nicht auch Programmieren mit speziell darauf zugeschnittenen Werkzeugen, also Programmiersprachen und Programmierumgebungen, gelernt werden? Seit langem ist dieser Ansatz bekannt, wird aber zu wenig befolgt: Man definiert künstliche Programmierwelten, „toy worlds", deren einziger Zweck es ist, eingeschränkte Formen des Programmierens in der einfachsten Gestalt darzustellen. Der Wert von solchen Lernumgebungen wird nicht daran gemessen, was man alles damit tun kann. Entscheidend ist eine Kosten/Nutzen-Betrachtung, die den geleisteten Lernaufwand mit den gewonnenen Einsichten vergleicht.

Der Einsatz einer künstlichen, auf die Lernsituation ausgerichteten Programmiersprache wirft natürlich früher oder später die Frage auf, wie Schülerinnen in einem weiterführenden Kurs den Übergang zu einer professionellen Programmiersprache und Programmierumgebung schaffen. Müsste nicht von

Beginn an der Fokus auf das Programmieren im Grossen gerichtet sein und die Konzepte objektorientierter Programmierung thematisiert werden? Hier erinnern wir einfach wieder an analoge Fragestellungen in anderen Schulfächern. Im Chemieunterricht etwa geht es nicht darum, Schüler mit komplexen und produktiven Systemen zu konfrontieren. Die effiziente und effektive Nutzung komplexer Werkzeuge erfordert zuerst eine fundierte Grundausbildung an einfacheren Systemen und den sukzessiven Aufbau eines Erfahrungsschatzes. Ein Einstieg ins Programmieren im Grossen, in den Entwurf grosser Software-Systeme, muss deshalb immer über das Programmieren im Kleinen erfolgen. Auch der Pilot lernt nicht auf einem Airbus fliegen!

1.6 Anforderungen an eine Programmiersprache für Einsteiger

Brusilovsky et al haben verschiedene Ansätze untersucht, wie der Einstieg ins Programmieren erfolgen könnte [BCH+97]. Die meisten dieser Ansätze basieren auf speziell für Einsteiger konzipierten Programmierumgebungen und -sprachen. Du Boulay et al haben in *The black box inside the glass box: presenting computing concepts to novices* grundlegende, wünschenswerte Eigenschaften von Programmierumgebungen für Einsteiger ausgearbeitet [dBOM99]. Zusammenfassend ist folgenden Anforderungen Rechung zu tragen:

Komplexität reduzieren Jedes Programm steuert die Aktionen einer bestimmten Maschine. In der Regel ist dies der Computer selbst, wobei vor allem der Prozessor, der Hauptspeicher und der Bildschirm im Mittelpunkt stehen – eine sehr komplexe Maschine. Das Verständnis dieser Maschine ist die erste Hürde, die ein Anfänger überwinden muss. Daher ist eine konzeptionell einfachere Maschine als ein Computer von Vorteil.

Komplexität verstecken Die Aktionen der Maschine sollten „black boxes" sein. Wie sie ausgeführt werden, ist für den Programmierer nicht wichtig. Hingegen sollte die Semantik der Aktionen einfach verständlich sein. Das gleiche gilt für den gegenwärtigen Zustand der Maschine. Wie dieser Zustand intern dargestellt wird, ist irrelevant, seine Semantik aber muss einfach sein.

Visualisierung Wichtig ist eine grafische Darstellung der Aktionen und des Zustands der Maschine. Der Programmierer sollte die Maschine selbst als „glass box" wahrnehmen. Er sollte den Eindruck erhalten, dass die innere Funktionsweise der Maschine komplett visualisiert werden kann. Die visuelle Darstellung des Programmablaufs hilft, die Semantik eines Programms und seine Struktur besser zu verstehen.

Kleiner Sprachumfang Für erste Programmierschritte empfiehlt sich eine Programmiersprache mit kleinem, rasch überblickbarem Sprachumfang. Die Sprache sollte Schritt für Schritt erlernt werden können.

Einfache Programmierumgebung Ein einfach zu bedienender Programmeditor hilft Syntaxfehler zu vermeiden und erleichtert die Konzentration auf die Programmlogik.

Alltagsorientierte Aufgabenstellungen Abstrakte oder schwierig zu definierende Aufgabenstellungen lenken den Einsteiger ins Programmieren unnötig vom Programmieren ab. Für den Einstieg eignen sich Problemstellungen, die mit wenigen Worten erläutert werden können und einen Bezug zum Alltag haben. Besonders geeignet sind Problemstellungen, die kognitiv mit Bewegungen in der realen Welt in Verbindung gebracht werden können, etwa die Steuerung von Robotern.

Seit langem versucht man diesen Anforderungen mit künstlichen Mini-Umgebungen gerecht zu werden. Ausgangspunkt ist irgendein aktives Objekt, ein so genannter Aktor, der in einer zumeist virtuellen Welt am Bildschirm lebt. Die Schülerinnen lernen das Programmieren, indem sie den Aktor so programmieren, dass er bestimmte Aufgaben löst. Beispiele von Aktoren sind Roboter, Schildkröten oder beliebige Phantasiefiguren. Das Schöne daran ist, dass man sich selbst in die Rolle des Aktors versetzen und so die Funktionsweise des Programms nachvollziehen kann. Aufgrund des visuellen Programmablaufs sehen die Schüler sofort, was sie programmiert haben und ob ihr Programm funktioniert. Ein solcher Einstieg ist besonders für Schülerinnen geeignet, die noch nie programmiert haben und sich nicht aus eigenem Antrieb mit dem Thema Programmierung auseinandersetzen.

Weitere wichtige Eigenschaften einer guten Mini-Umgebung sind eine ansprechende künstliche Welt sowie anschauliche und konkrete Aufgaben. Auch die Einarbeitungszeit soll möglichst gering sein. Trotzdem muss es auch möglich sein, schwierige Aufgaben zu stellen und so aufzuzeigen, dass Programmieren eine anspruchsvolle intellektuelle Arbeit ist.

Bekannte und im Unterricht breit eingesetzte Miniumgebungen sind in Logo erstellte Turtle-Umgebungen und Karel the Robot. Logo ist eine „general purpose"-Programmiersprache. „Turtle Geometrie" bezeichnet geometrische Problemstellungen, deren Lösungen mit Logo oder auch mit anderen Programmiersprachen programmiert werden: Eine Schildkröte fährt programmgesteuert auf dem Boden herum und zeichnet mit einem Stift ihre Bahn. Papert wollte mit der Schildkrötenwelt eine Mathematik-Lernumgebung für Kinder schaffen [Pap82]. Es geht nicht um das Programmieren als solches, vielmehr geht es um das Lösen geometrischer Probleme, um das Erschaffen von Programmen, die eine Idee mit Hilfe des Computers umsetzen.

Richard Pattis schuf mit *Karel the Robot – A Gentle Introduction to the Art of Programming* eine einfache virtuelle Welt, die von Karel, einem Roboter, bewohnt wird [Pat95]. Im Unterschied zur Schildkröte ist Karel nicht blind, sondern besitzt Sensoren und kann so mit der Umwelt interagieren. Der Roboter wird in einer an Pascal angelehnten Sprache programmiert. Zielpublikum von Karel sind Schüler oder Studenten, die programmieren lernen.

Sowohl der Turtle Geometrie mit Logo als auch der Sprache von Karel liegen professionelle Programmiersprachen zugrunde. Parallel zur Entwicklung dieser Sprachen sind die auf den Ideen von Logo/Turtle und „Karel the Robot" basierenden Lernumgebungen im Laufe der Zeit immer komplexer geworden. Im nächsten Kapitel zeigen wir einen Weg auf, der in die andere Richtung geht. Anstatt neue Eigenschaften von Programmiersprachen wie etwa das objektorientierte Paradigma einzubauen, beschränken sich die Kara-Lernumgebungen auf das Allernötigste. Entscheidend dabei ist die Wahl eines einfachen Berechnungsmodells als Grundlage der Lernumgebung.

2

Endliche Automaten, unsere Alltagsgeräte

Im ersten Kapitel haben wir ausgeführt, dass ein Verständnis für Algorithmen in der heutigen Informationsgesellschaft Teil der Allgemeinbildung sein muss. Vom Informatik-Standpunkt aus gesehen ist es wichtig, vom intuitiv zu verstehenden Algorithmus, der für Menschen durchaus angebracht ist, zum streng formal beschriebenen Algorithmus vorzudringen. Hier kommt der Begriff des „formalen Systems" aus der mathematischen Logik ins Spiel. Was ein formales System im Sinne der mathematischen Logik und der Informatik ist, das ist (noch) nicht Bestandteil der Allgemeinbildung. Es ist aber ein entscheidender Begriff zum Verständnis dessen, was Computer ausführen können und was nicht. Jeder Computer, mitsamt seiner Software, ist ein formales System, das genau das ausführt, was der Benutzer und die Programmierer gesagt haben – wenn auch nicht unbedingt das, was sie gemeint haben.

Im Unterricht geht es darum, den Übergang von einem intuitiven Verständnis zu einer formalen Beschreibung zu vollziehen und gleichzeitig wichtige Begriffe wie Berechnungsmodell, Algorithmus und Programm, Invarianten und Korrektheitsbeweise zu thematisieren. Dazu müssen wir ein formales System wählen, in dem die vorgesehenen Algorithmen möglichst klar und knapp ausgedrückt werden können. Es gibt beliebig viele Möglichkeiten; jede Programmiersprache ist ein solches System. Wenn wir jedoch begriffliche Einfachheit suchen, dann bieten sich logische Kalküle an. Diese wurden mit der Zielsetzung entworfen, dass sie nur ein Minimum an primitiven Objekten und Operationen enthalten und daher für theoretische Zwecke einfach handbar sind. Diese Zielsetzung macht solche Kalküle leicht erlernbar. Die Einfachheit der Primitiven ist eine schwierige Hürde, wenn man reale Probleme lösen will. Sie muss es aber nicht sein, wenn die Aufgaben nur didaktischen Charakter haben, wenn sie so gewählt werden, dass sie mit den Primitiven des gewählten logischen Kalküls leicht lösbar sind. Wir ziehen die Folgerung, dass die Begriffswelt der Theoretischen Informatik nicht nur als exotisches Hobby für Spezialisten zu sehen ist, sondern auch eine Rolle in der Didaktik spielen kann, die bisher nicht ausgeschöpft wurde.

Was ist eigentlich ein Programm? Ursprünglich war ein Programm die Spezifikation eines eindeutig bestimmten zeitlichen Ablaufes von Ereignissen – analog zum Regieplan in einem Theater. Je komplexer aber unsere technischen Systeme werden, umso weniger ist es möglich, zeitliche Abläufe eindeutig festzulegen. Die Abläufe müssen auf externe Ereignisse reagieren. Das Verhalten eines Systems wird aus einer riesigen Vielfalt von möglichen Prozessen ausgewählt, die unmöglich einzeln aufgezählt werden können. Um ein korrektes Systemverhalten zu garantieren, brauchen wir eine statische Spezifikation, welche die korrekten Abläufe von der noch viel grösseren Vielfalt der inkorrekten Abläufe trennt – und das ist ein Programm. Die Phrase „statische Spezifikation dynamischer Abläufe" ist natürlich viel zu abstrakt, als dass ein Anfänger damit etwas anfangen könnte. Die Idee dahinter lässt sich aber an einfachen Beispielen treffend illustrieren.

Für die Lernumgebungen Kara haben wir endliche Automaten (finite automata, finite state machines, sequential machines) als zugrunde liegendes Berechnungsmodell gewählt. Wir nutzen die Einfachheit dieses theoretischen Modells für didaktische Zwecke. Das Modell ist nicht nur wegen seiner Einfachheit für den Unterricht hervorragend geeignet. Endliche Automaten dienen Ingenieuren zur Beschreibung der Steuerung einer Vielzahl von Alltagsapparaten: Vom einfachen Lichtschalter über Billetautomaten bis hin zum Videorecorder. Ein klares Verständnis ihres Funktionsprinzips erlaubt es, viele mögliche zeitliche Abläufe statisch als Wege in einem Zustandsraum zu erfassen. In diesem Kapitel erläutern wir kurz an Beispielen die wichtigen Konzepte endlicher Automaten. Zustandsraum und die Übergänge von einem Zustand in einen Folgezustand sind die entscheidenden Begriffe, um in den Lernumgebungen Kara schnell und überlegt Programme zu schreiben.

2.1 Landkarten und Zustandsräume

Wie gelangt man von A nach B? „Geradeaus, vor der Brücke rechts, nach 200 Metern schräg den Berg hinauf und so weiter." Wir alle kennen diese Art von Beschreibung, die uns Schritt für Schritt bei der Ausführung einer Lösung weiterhilft. Solche natürlichen, schrittweisen Anleitungen sind neben Kochrezepten für viele Leute die einzige bekannte Art von Verfahrensanweisung. Sie sind einfach zu verstehen, haben aber den gewichtigen Nachteil der Inflexibilität. Wenn der beschriebene Weg nicht gangbar ist, zum Beispiel wegen einer gesperrten Strasse, hilft die Wegbeschreibung kaum mehr weiter.

Ganz anders bei der Landkarte. Diese beschreibt nicht nur einen Weg von A nach B, sondern alle denkbaren Wege zwischen zwei beliebigen Orten. Im Gegensatz zur Wegbeschreibung, die den Weg von A nach B als einen zeitlichen Ablauf oder Prozess dynamisch beschreibt, ist die Landkarte eine statische Beschreibung vieler möglicher Prozesse. Die Verwendung von Landkarten verlangt zwar Lernen und Übung, aber wer diesen Anfangsaufwand investiert, findet die Landkarte ein viel mächtigeres Hilfsmittel als eine Wegbeschreibung.

Ähnlich wie beim Problem der Wegbeschreibung gibt es bei Bedienungsanleitungen für Maschinen aller Art dynamische und statische Beschreibungen. Eine dynamische Beschreibung zählt die notwendigen Handlungen der Reihe nach auf: „Kabel einstecken, Strom einschalten, warten bis eine Lampe blinkt, die richtigen Knöpfe in der richtigen Reihenfolge drücken, falls nichts geschieht, Schritte 2 bis 5 wiederholen und so weiter". Dies mag für einen Anfänger die verständlichste Anleitung sein, besonders wenn er auf der Maschine stets dieselbe Funktion auslösen will. Heutige Alltagsgeräte wie etwa Mobiltelefone sind aber recht komplexe Maschinen, die eine Unzahl von Funktionen anbieten. Um sich in der Vielfalt der Funktionen eines Mobiltelefons, einer digitalen Uhr oder eines Video Recorders zurechtzufinden, braucht es für diese Geräte ebenfalls eine „Landkarte".

Das Analogon der Landkarte zur Beschreibung der vielen Prozesse, die ein Gerät durchlaufen kann, heisst *Zustandsraum*, oft graphisch dargestellt durch ein Zustandsdiagramm. Der Zustandsraum ist eine Aufzählung aller möglicher Zustände, in denen sich eine Maschine befinden kann, zusammen mit den möglichen Übergängen, die einen Zustand in einen anderen überführen können. Die Gesamtheit dieser Übergänge ist wie ein Strassennetz, auf dem sich das Gerät bewegen kann, von Zustand zu Zustand. In dieser Landkarte können wir alle möglichen zeitlichen Abläufe der Maschine darstellen, ob sie nun in einer bestimmten Situation auftreten oder nicht. Zur Veranschaulichung betrachten wir als erstes die Steuerung einer einfachen Verkehrsampel.

2.2 Steuerung von Verkehrsampeln

Eine Ampel steuert den Verkehr bei einem Fussgängerstreifen über eine stark befahrene Autostrasse. Zur kompakten Beschreibung der Steuerung führen wir formale Bezeichnungen ein (Abbildung 2.1). Die Ampel für die Autos habe drei mögliche Werte: R für Rot, O für Orange und G für Grün. Die Ampel steht normalerweise auf G. Die Ampel für die Fussgänger hat nur zwei Werte: r für Rot und g für Grün. Gewöhnlich steht diese Ampel auf r. Ein ankommender Fussgänger meldet seine Präsenz durch Drücken eines Knopfes B, der zwei mögliche Werte hat: gedrückt B = 1, Normalstellung B = 0. Durch die Angabe des Wertes der Ampel für die Autos und des Wertes der Ampel für die Fussgänger können wir alle möglichen Situationen erfassen. Mit Gr bezeichnen wir beispielsweise die Situation, bei welcher der Autofahrer Grün und der Fussgänger Rot hat. Wir wollen nun eine Ampelsteuerung entwerfen, welche die Lichter sicher und effizient ein- und ausschaltet.

Analog zu einer einfachen Wegbeschreibung könnten wir die Ampelsteuerung wie folgt festlegen: Ausgehend vom Normalzustand Gr geht das System bei Knopfdruck B = 1 in den Zustand Or über, zehn Sekunden später in den Zustand Rg, und nach weiteren zehn Sekunden (dies genüge, um die Strasse zu überqueren) zurück in den Normalzustand Gr. Aus dieser Beschreibung geht die Absicht der Ampelsteuerung hervor. Die Beschreibung sagt aber sogar bei

Abb. 2.1. Modell einer Ampelsteuerung am Fussgängerstreifen

diesem einfachen Beispiel nicht alles über das gewünschte Systemverhalten aus. Werden die Autos blockiert, wenn mehrere Fussgänger im Sekundenabstand wiederholt den Knopf drücken? Was passiert mit einem Fussgänger, der nach zehn Sekunden die Strasse noch nicht vollständig überquert hat?

Für eine effiziente und möglichst sichere Ampelsteuerung ist es nötig, alle möglichen Situationen zu erfassen. Analog zum Vorgehen bei der Wegbeschreibung mittels einer Landkarte, versuchen wir, *alle* denkbaren zeitlichen Abläufe gedanklich zu berücksichtigen. Danach schliessen wir die gefährlichen Zustände und Abläufe aus und lassen nur die gewünschten zu. Betrachten wir zuerst alle denkbaren Ampelzustände:

Gr   Autos haben Vortritt, Normalzustand, bleibt solange B = 0
Gg   Gefahr eines Unfall, darf nie eintreten
Rr   könnte kurzfristig toleriert werden, hemmt aber den Verkehrsfluss, wird durch die Orange-Phase überflüssig
Rg   Fussgänger haben Vortritt
Or   nützlicher Übergangszustand, damit Autos bremsen können
Og   gefährlich

Übergänge aus einem Zustand in den nächsten sollen zu diskreten Taktzeiten (clock ticks) erfolgen, wobei sich automatisch gewisse (erwünschte) Verzögerungen ergeben, zum Beispiel vom Moment des Knopfdruckes bis die Ampeln darauf reagieren. Die verschiedenen Phasen dieses Verkehrssystems sind in der Realität von unterschiedlicher Dauer. Eine Rot-Phase der Ampel für die Autos dauert länger als eine Orange-Phase, damit Fussgänger auch genügend Zeit haben, um die Strasse sicher zu überqueren. Der Einfachheit halber nehmen wir aber an, dass eine einzige Taktzeit von zehn Sekunden genüge, damit Autos bei Orange rechtzeitig bremsen und Fussgänger bequem die Strasse überqueren können.

In einem ersten Entwurf verknüpfen wir drei Zustände mit der in Abbildung 2.2 gezeigten Übergangslogik. Das Ampelsystem startet im Zustand Gr und bleibt darin, solange das Abtasten des Eingangssignals B den Wert B = 0 ergibt. Wenn ein Fussgänger den Knopf drückt, wird beim nächsten Takt das Eingangssignal B = 1 erkannt, und das System wechselt in den Zustand Or. Beim nächsten Takt, zehn Sekunden später, wechselt das System in den Zustand Rg, unabhängig vom Wert des Eingangssignals B. Wiederum einen Takt später und unabhängig von B geht es zurück in den Zustand Gr, der drei Taktzeiten früher verlassen wurde.

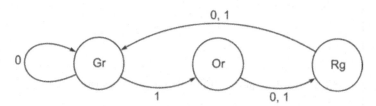

Abb. 2.2. Erster Entwurf für die Ampelsteuerung

Das beschriebene Zustandsdiagramm ist wohl die einfachste Art, wie man die drei Ampelzustände G, O und R verknüpfen kann. Es hat aber einen Nachteil: ein Fussgänger, der die Strasse nach Ablauf von zehn Sekunden noch nicht völlig überquert hat, wird von einem ungeduldigen Autofahrer gefährdet, der bei Grün sofort anfährt. Wenn wir schon den Ampelwert O einführen, sollte dieser bei beiden Übergängen, von Gr nach Rg und zurück nach Gr, eingesetzt werden. Diese Überlegung führt zu dem in Abbildung 2.3 dargestellten zweiten Versuch.

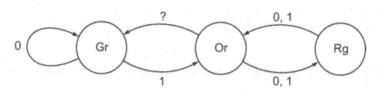

Abb. 2.3. Zweiter Entwurf für die Ampelsteuerung

Da die Übergänge aus dem Zustand Or sowohl für B = 0 wie auch für B = 1 bereits festgelegt wurden, und zwar nach Rg, bleibt kein Eingangssignal übrig für den Übergang von Or nach Gr. Der Zustand Or auf dem Weg von links nach rechts im Diagramm ist nur visuell gleich wie auf dem Weg von rechts nach links. Das Ampelsystem als Ganzes braucht noch ein „verstecktes Bit"

Speicher, um sich daran zu erinnern, ob der unmittelbare Vorgänger Gr oder Rg war. Dies führt zu dem in Abbildung 2.4 dargestellten Zustandsdiagramm.

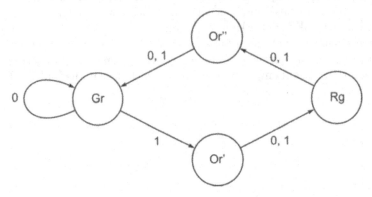

Abb. 2.4. Endgültiger Entwurf für die Ampelsteuerung

Dieses Beispiel zeigt eine Eigenschaft vieler Automaten: Die Anzahl innerer Systemzustände ist grösser als die Anzahl nach aussen hin sichtbarer Zustände. Für die Benutzer der Ampel gibt es nur den einen Zustand Or für „Auto-Ampel Orange, Fussgänger-Ampel Rot". Intern verwendet der Automat aber die beiden Zustände Or' und Or", um die Umschalt-Richtung der Ampeln zu berücksichtigen.

Das Beispiel der Ampelsteuerung illustriert, wie ein aus dem Alltag bestens bekannter Ablauf durch ein Zustandsdiagramm vollständig beschrieben werden kann. Der Übergang vom intuitiven Verständnis einer Ampelsteuerung zur formalen Beschreibung durch ein Zustandsdiagramm bedingt eine vollständige gedankliche Erfassung aller möglichen Systemzustände. Die Doppelrolle der Orangephase zeigt auf, dass dabei nicht einfach äussere Merkmale eines Systems berücksichtigt werden können. Gefragt ist eine sorgfältige Analyse des zu modellierenden dynamischen Systems und eine exakte Beschreibung.

2.3 Mathematische Behandlung endlicher Automaten

Endliche Automaten tauchen in der Theorie und Praxis in verschiedenen Varianten auf. Allen Varianten gemeinsam sind die Begriffe Zustandsraum S, Alphabet A und Übergangsfunktion $f : S \times A \to S$. Die Übergangsfunktion eines Automaten ordnet jedem Paar (s, a) (Zustand $s \in S$, Eingabesymbol $a \in A$) einen nächsten Zustand $s' = f(s, a)$ zu. Der endliche Automat verarbeitet also ein „Wort", d. h. eine Zeichenkette bestehend aus Eingabesymbolen über dem Alphabet A und hüpft dabei in seinem Zustandsraum herum.

Neben den Hauptkomponenten S, A und f braucht ein endlicher Automat noch andere Teile, um etwas Nützliches zu tun. Gewöhnlich ist ein Startzustand s_0 ausgezeichnet, in dem sich ein Automat anfänglich befindet. In der Theorie werden gewisse Zustände als akzeptierend bezeichnet. Eine Zeichenkette, die den Automaten vom Startzustand s_0 in einen akzeptierenden Zustand führt, wird „akzeptiert", z. B. indem eine Lampe aufleuchtet. Die übrigen Zeichenketten werden zurückgewiesen. Akzeptierte Zeichenketten beschreiben die vom Automaten gewünschten Verhaltensweisen.

In der Praxis wird von Automaten mehr verlangt als nur die Menge aller Zeichenketten über A in die Mengen der akzeptierenden und nichtakzeptierenden Zeichenketten aufzuteilen. Der Automat soll in Abhängigkeit der Eingangsfolge eine Folge von Aktionen auslösen. Im Beispiel der Ampelsteuerung soll der Eintritt in jeden Zustand verschiedene Lichter ein- und ausschalten. Konkret: Beim Übergang vom Zustand Rg in den Zustand Or" soll die Ampel für die Autos von Rot auf Orange und die Fussgängerampel von Grün auf Rot schalten. Um diese Arbeitsweise zu modellieren, definiert man ein zweites Alphabet B von Ausgangssymbolen und eine oder zwei sog. Ausgabe-Funktionen, $g : S \times A \to B$, $h : S \to B$, wobei g bei jedem Übergang ein Ausgabe-Symbol erzeugt, h in jedem Zustand.

	0	1
Gr	Gr	Or'
Or'	Rg	Rg
Rg	Or"	Or"
Or"	Gr	Gr

Gr	r
Or'	r
Rg	g
Or"	r

Übergangsfunktion
$f : S \times A \to S$

Ausgabe-Funktion
für Fussgänger-Ampel
$h : S \to B$

Abb. 2.5. Automat für Ampel mit Ausgabefunktionen

Im Folgenden betrachten wir, wie ein Interpreter eines endlichen Automaten implementiert werden kann. Eine einfache Implementierung verwendet eine Matrix in Form eines zweidimensionalen Arrays, um die Übergangsfunktion $f : S \times A \to S$ darzustellen. Die Ausgabe-Funktionen g für die Übergänge und h für die Zustände werden analog dargestellt. Betrachten wir das Beispiel der Ampel-Steuerung. Die Tabelle links in Abbildung 2.5 repräsentiert den Zustandsautomaten der Ampel-Steuerung aus Abbildung 2.4. Startzustand ist der Zustand Gr, im dem die Ampel für die Autofahrer grün und die Ampel für die Fussgänger Rot anzeigt. Für jeden Zustand wird für alle möglichen Eingabewerte der Folgezustand festgehalten. Die Eingabewerte sind 0 (Fussgänger-Knopf nicht gedrückt) und 1 (Knopf gedrückt). Als Ausgabe-Alphabet B verwenden wir die Buchstaben für die Farben, welche die entsprechende Ampel anzeigen soll. Die Tabelle rechts in Abbildung 2.5 zeigt als Beispiel die Ausgabe-Funktion für die Fussgänger-Ampel; die Ausgabe-Funktion für die Auto-Ampel ist analog definiert.

Der Interpreter lässt sich einfach implementieren. Das folgende Listing zeigt in Pseudo-Code die Datenstruktur für den Ampel-Automaten und den Interpreter. Der Code kann leicht verallgemeinert werden, um beliebige Automaten zu interpretieren.

```
type
  state = { Gr, Or', Rg, Or'' };
  button = { 0, 1 };
  transition_matrix      = array [ state, button ] of state;
  state_output_matrix    = array [ state ] of char;


fsm_interpreter (transition_matrix T,
  state_output_matrix A, state_output_matrix B) {


  state s;
  button b;

  s = Gr;            // Startzustand
  while (true) {    // Automat terminiert nicht
    b = read_button();
    s = T[s, b];
    println "state output function A: ", A[s];
    println "state output function B: ", B[s];
  }
}
```

2.4 Beispiele aus der Schaltlogik

In Theorie und Praxis gibt es viele endliche Automaten. So eignen sich endliche Automaten zur Beschreibung von Schaltungen. Die zwei am weitesten verbreiteten Lichtschalter (Switch) haben die in Abbildung 2.6 dargestellten Zustandsdiagramme. Aus solchen *flip-flops* als Speicherelemente sind alle digitalen Geräte aufgebaut. Der obere Lichtschalter in Abbildung 2.6 ist ein Knopf: Wird er gedrückt, wenn das Licht aus ist (Zustand s0), so wird das Licht eingeschaltet; wenn er gedrückt wird und das Licht bereits an ist (Zustand s1), wird es ausgeschaltet. Beim unteren Lichtschalter wird mit set und reset der Schalter in die Positionen für „Licht aus" (Zustand s0) und „Licht ein" (Zustand s1) gebracht.

Ein *Schieberegister* ist ein weiterer Baustein vieler digitaler Geräte (Abbildung 2.7). Es wird gespiesen durch einen Strom von Bits und erinnert sich immer an die t zuletzt angekommenen Bits $b_t, b_{t-1}, b_{t-2}, \ldots$ Oft kommen diese Bits in leicht unregelmässigen Zeitabständen an. Wir möchten aber den dargestellten Ton oder das Bild unverzerrt hören oder sehen. In diesen Fällen sorgt ein Schieberegister genügender Länge dafür, dass das Gerät dem Benutzer die Bits in regelmässigen Abständen weitergeben kann. Das Zustandsdiagramm eines Schieberegisters der Länge 3 ist in Abbildung 2.8 dargestellt. Aus den

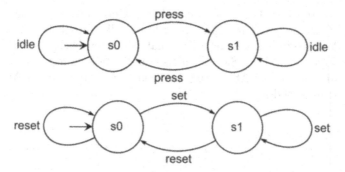

Abb. 2.6. Endliche Automaten für Lichtschalter

einzelnen Zuständen kann der aktuelle Inhalt des Schieberegisters abgelesen werden. Die Bits bei den Übergangspfeilen repräsentieren das jeweils zuletzt eingegangen Bit b_t.

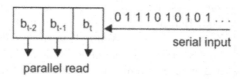

Abb. 2.7. Schieberegister der Länge 3

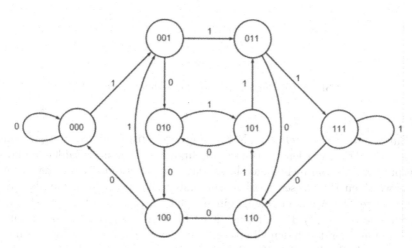

Abb. 2.8. Endlicher Automat für Schieberegister der Länge 3

Zähler treten in jedem programmierbaren Gerät auf, das nach einer bestimmten Zeit eine bestimmte Aktion auslösen soll. Alltägliche Beispiele sind Wecker oder Parkuhren. Endliche Automaten können höchstens bis zur Anzahl ihrer Zustände zählen. Sie zählen also immer modulo m, wobei m irgendeine natürliche Zahl ist. Abbildung 2.9 zeigt die Struktur eines Automaten für einen Zähler modulo m.

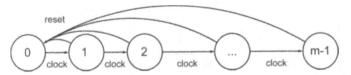

Abb. 2.9. Endlicher Automat für Zähler modulo m

Der Automat in Abbildung 2.10 rechnet binäre ganze Zahlen modulo 3. Der Automat liest die binäre Zahl von links nach rechts, das heisst, vom höchstwertigen Bit zum niederwertigsten Bit. Der aktuelle Zustand gibt den Rest modulo 3 des bereits gelesenen Anfangsstücks der Zahl wieder. Wenn die bereits gelesene Zahl zum Beispiel $1101 \equiv 13_{10} \equiv 1 \pmod 3$ ist, so befindet sich der Automat im Zustand 1 mod 3. Wenn als nächste Ziffer eine 0 gelesen wird, so verdoppelt sich der Wert der gelesenen Zahl. Der Automat wechselt daher in den Zustand 2 mod 3. Wenn eine 1 gelesen wird, entspricht das einer Multiplikation mit 2 und anschliessender Addition einer 1. Der nächste Zustand ist somit 0 mod 3. Analog funktionieren die anderen Übergänge des Automaten.

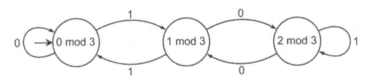

Abb. 2.10. Endlicher Automat rechnet modulo 3

Ein *serieller Addierer* hat als Eingang zwei Bitfolgen, $x_0, x_1, x_2, \ldots$ und $y_0, y_1, y_2, \ldots$ Diese werden als Binärdarstellung zweier ganzer Zahlen x und y interpretiert, die von rechts nach links, das heisst, vom niederwertigsten zum höchstwertigen Bit gelesen werden. Die ersten Bits bezeichnen die kleinsten Stellenwerte. Der Addierer erzeugt eine Folge $z_0, z_1, z_2, \ldots$ als Binärdarstellung der Summe $z = x + y$. Die eingehenden Bits werden sukzessive addiert, und der Automat merkt sich den Übertrag, indem er seinen Zustand entsprechend wechselt (Abbildung 2.11). Die Werte $x_i, y_i : z_i$ bei den Übergangspfeilen bezeichnen die eingehenden Bits sowie die beim Übergang berechnete Stelle des Resultates. Die beiden Zustände geben an, welchen Wert der aktuelle Übertrag hat. Wenn zum Beispiel im Zustand carry0 die Bits $x_i = 0, y_i = 1$ gelesen werden, so wird das aktuelle Resultatbit $z_i = 1$ berechnet, und der Automat bleibt im Zustand carry0.

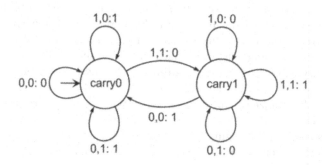

Abb. 2.11. Endlicher Automat für seriellen Addierer

2.5 Varianten von endlichen Automaten

Die bisher betrachteten Automaten arbeiten deterministisch. Im gleichen Zustand gestartet, verhalten sie sich in Antwort auf dieselbe Eingabefolge immer identisch. Eine wesentliche Erweiterung erfolgt mit nichtdeterministischen Automaten. Diese können in einem Zustand s nach Eingabe eines Symbols a in einen von mehreren Folgezustände übergehen. Die Übergangsfunktion f ordnet einem Paar (s, a) eine Teilmenge $f(s, a) \subseteq S$ von möglichen Folgezuständen zu, ohne dass wir a priori wissen, welcher der möglichen Übergänge ausgeführt wird. Als Steuerung unserer Alltagsgeräte wie Fernseher oder Handys ziehen wir deterministische Automaten vor. Nichtdeterministische Automaten sind aber oft nützlich bei der Modellierung realer Prozesse in der Natur.

Ein Spezialfall von nichtdeterministischen Automaten sind probabilistische Automaten. Wenn mehrere Übergänge $f(s, a) = \{s_1, s_2, .., s_k\}$ möglich sind, ist jeder dieser Übergänge mit einer bestimmten Wahrscheinlichkeit $(p_1, p_2, .., p_k)$ behaftet. Probabilistische Automaten verhalten sich wie Spieler, denn sie fallen nicht immer auf denselben Trick herein.

Anhand eines probabilistischen Münzwechselautomaten zeigen wir, wie der Zufall die Benutzerschnittstelle eines Münzwechselautomaten vereinfachen kann. Wir betrachten eine Währung mit 10-, 20- und 50-Cent Münzen. Wie wollen wir dem Automaten mitteilen, welches Wechselgeld wir haben möchten? Anstelle irgendwelche Tasten zu drücken, warten wir einfach auf das gewünschte Ergebnis! Unser probabilistischer Münzwechselautomat kann in einer Transaktion Beträge bis zu maximal 50 Cent verabeiten (Abbildung 2.12). Er erinnert sich in seinen Zuständen 0, 10, 20, 30, 40, 50 wieviel Geld er dem Kunden schuldet. Wenn der Kunde im Startzustand Münzen einwirft, addiert der Automat die eingeworfenen Beträge, indem er sich im abgebildeten deterministischen Zustandsraum (linkes Diagramm in Abbildung 2.12) nach oben bewegt. Wirft der Kunde fünf Sekunden lang keine Münzen mehr ein, spuckt der Automat Münzen aus und gleitet im probabilistischen Zustandsraum in Richtung Zustand 0 nach unten zurück (rechtes Diagramm in Abbildung 2.12). Wer eine 50-Cent Münze in Kleineres wechseln will, erhält also beim ersten Versuch eventuell seine 50-Cent Münze zurück. In diesem Fall wirft er die Münze erneut ein. Genau so wirft er nicht gewünschtes kleineres Wechselgeld solange ein, bis er das gewünschte Wechselgeld erhalten hat. Das ganze Prozedere funktioniert rasch, und der Kunde wird nicht mit irgendwelchen Tasten beim Münzwechselautomaten konfrontiert.

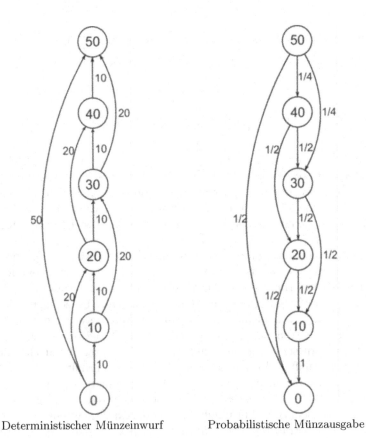

Deterministischer Münzeinwurf   Probabilistische Münzausgabe

Abb. 2.12. Probabilistischer Münzwechsler

Das Beispiel des einfachen Münzwechselautomaten zeigt, dass endliche Automaten beim Entwurf von Mensch-Maschine Schnittstellen eine nützliche Rolle spielen. Mensch-Maschine Schnittstellen sind nicht nur eine Angelegenheit von Grafik, Anordnung von Tasten und Knöpfen oder Mausklicks. Wichtiger ist die Struktur, die Eingangssignale mit Aktionen verknüpft. Nur wenn diese Struktur regelmässig und nach einfachen, einleuchtenden Konzepten aufgebaut ist, kann sich der Benutzer gezielt darin bewegen. Würden die Designer von Alltagsgeräten wie Digitaluhren, Videorecordern oder Waschmaschinen die angebotenen Funktionen konsequent mit endlichen Automaten modellieren, würden uns viele Probleme und Frustrationen erspart bleiben.

Kara –
Welt und Aufgaben eines virtuellen Roboters

Im ersten Kapitel haben wir argumentiert, dass Programmieren Teil der Allgemeinbildung sein soll. Wenn der Fokus auf einer allgemein bildenden Einführung in die Programmierung liegt und nicht auf der Ausbildung von professionellen Programmierern, dann muss die verwendete Programmierumgebung so einfach wie möglich sein. Zu diesem Zweck schränken wir in der Lernumgebung Kara das Programmiermodell ein auf das Berechnungsmodell der endlichen Automaten. Statt eines prozeduralen Programms erstellt man einen endlichen Automaten, der das Verhalten eines Akteurs in einer vorgegebenen Situation beschreibt. Diese Idee wird in [Nie99] vorgestellt und hat verschiedene Vorteile:

Alltagsgeräte Endliche Automaten begegnen uns im Alltag laufend in vielen Prozessor-gesteuerten Geräten wie Video-Recorder, digitale Uhren, Microwellenherd etc. Ein Verständnis des technischen Begriffs des Zustands wäre oft hilfreich bei der Bedienung solcher Geräte.

Einfache Struktur Der Programmablauf wird in den Zuständen und Zustandsübergängen statisch definiert. Weitere Kontrollstrukturen oder Datenspeicher in Form von Variablen werden nicht benötigt. Der Zustand des Automaten wird vollständig explizit dargestellt. Es gibt keine versteckten, internen Zustände wie zum Beispiel Prozedur-Call-Stacks, die das Verständnis erschweren würden.

Visualisierung Endliche Automaten lassen sich auf einfache Weise grafisch erstellen und darstellen. Der Programmablauf kann ebenfalls gut visualisiert werden, da im Wesentlichen immer nur der aktuelle Zustand und der aktuelle Übergang von einem Zustand in den nächsten Zustand hervorgehoben werden müssen.

Planvolles Vorgehen Bei der „konventionellen" Programmierung werden Anfänger oft verleitet, Programme Zeile um Zeile zu schreiben und zusätzliche Variablen oder Funktionen bei Bedarf hinzuzufügen. Bei diesem Vorgehen vermischt der Programmierer die Phasen der Problemanalyse und der Programmierung. Meist wird dadurch die Phase des Programmierens und des anschliessenden Debugging unnötig verlängert. Beim Erstellen von endlichen Automaten muss die Analyse vor der Programmierung erfolgen. Ein endlicher Automat verknüpft den Speicher (Zustände) mit der Kontroll-Logik (Zustandsübergänge). Will der Programmierer einen endlichen Automaten für ein gegebenes Problem erstellen, muss er zuerst alle auftretenden Zustände des Automaten gedanklich erfassen.

Für alle neu Endliche Automaten als expliziter Begriff sind in der Regel für alle Schülerinnen und Schüler neu. Das Spektrum der unterschiedlichen Vorkenntnisse beim Einstieg ins Programmieren ist weniger breit, wenn eine auf endlichen Automaten basierende Mini-Umgebung anstelle einer gängigen Programmiersprache verwendet wird.

3.1 Kara, der programmierbare Marienkäfer

Kara ist eine Mini-Umgebung basierend auf der Idee der endlichen Automaten. Kara, der Marienkäfer, lebt in einer einfachen grafischen Welt auf dem Bildschirm. Der Marienkäfer kann programmiert werden, um in seiner Welt verschiedene Aufgaben zu erledigen. Kleeblätter sammeln, einer Spur von Kleeblättern folgen oder Labyrinthe durchqueren sind einige Beispiele. Die Programme werden grafisch mit der Maus als endliche Automaten erstellt. Eine detaillierte Bedienungsanleitung ist in die Umgebung integriert und erklärt, wie die Welt bearbeitet und Programme erstellt werden.

Abbildung 3.1 zeigt Karas Welt. Die Welt ist ein Torus, dargestellt als Rechteck, das in quadratische Felder aufgeteilt ist. Verlässt der Käfer die Welt an einer Seite, so betritt er sie auf der gegenüberliegenden Seite wieder. Auf den Feldern gibt es verschiedene Arten von Objekten:

Unbewegliche Baumstümpfe Der Käfer kann Felder mit Baumstümpfen nicht betreten. Auf einem Feld mit einem Baumstumpf kann kein anderer Gegenstand liegen.

Kleeblätter Der Marienkäfer kann beliebig viele Kleeblätter aufnehmen, und er hat einen unerschöpflichen Vorrat an Blättern zum Ablegen. Der Käfer kann auf einem Kleeblatt stehen, aber auf einem Feld kann höchstens ein Kleeblatt liegen.

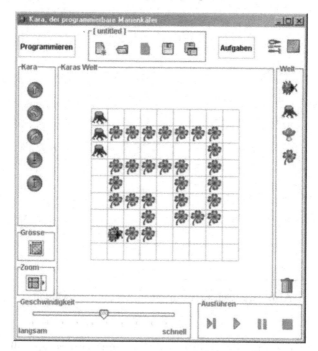

Abb. 3.1. Die Kara-Umgebung (Welt)

Verschiebbare Pilze Der Käfer kann nicht auf einem Feld stehen, das von einem Pilz belegt ist. Ein Pilz kann auf einem Kleeblatt stehen. Läuft der Käfer in einen Pilz, so verschiebt er ihn geradeaus ins nächste Feld. Er ist aber zu schwach, um gleichzeitig zwei Pilze zu verschieben.

Der Marienkäfer kann einen Schritt vorwärts ins nächste Feld machen. Er kann sich an Ort und Stelle um 90° nach links oder rechts drehen. Alle Befehle können direkt im Welt-Fenster der Kara-Umgebung ausgeführt werden. Mit Hilfe von Sensoren kann der Käfer seine unmittelbare Umgebung wahrnehmen. Abbildung 3.2 zeigt, welche Sensoren er hat und wie diese für einzelne Zustände ausgewählt werden können.

Der Marienkäfer besitzt lediglich fünf Sensoren. Er weiss nichts über die Koordinaten des Feldes, auf dem er steht, und er weiss nicht, in welche Himmelsrichtung er schaut. Natürlich könnte man den Käfer mit mehr Sensoren oder Befehlen ausrüsten. Die vorhandenen fünf Sensoren und fünf Befehle reichen aber aus, um viele interessante und anspruchsvolle Aufgaben zu lösen.

Die Programme werden grafisch mit der Maus als endliche Automaten erstellt. Die Tastatur wird nur benötigt, um Zuständen Namen zu geben. Abbildung 3.3 zeigt Karas Programmeditor. Ein Automat wird immer in zwei Ansichten dargestellt. In der oberen Hälfte des Programmeditors sind die Zustände und die Übergänge zwischen diesen Zuständen in der Übersicht

Abb. 3.2. Sensoren für einen Zustand auswählen

dargestellt. In der unteren Hälfte des Programmeditors sind die einzelnen Zustände im Detail dargestellt. Die Ansichten der einzelnen Zustände sind in Karteikärtchen untergebracht. Hier wird für jeden Zustand festgelegt, unter welchen Bedingungen welcher Übergang gewählt wird und welche Befehle Kara dabei ausführt.

Abbildung 3.4 zeigt den Zustand PacMan. In diesem Zustand folgt Kara solange einer Kleeblattspur, bis er an das durch einen Baum markierte Ende der Spur gelangt. Für jeden Übergang ist links in der Zustandstabelle die Situation abgebildet, in der sich Kara befinden muss, damit dieser Übergang ausgewählt wird.

Bei der Programmausführung entscheidet der Käfer in jedem Zustand anhand der aktuellen Werte seiner Sensoren, in welchen Zustand er als nächstes übergehen soll. Um sich für einen bestimmten Zustandsübergang zu entscheiden, muss er die Aussagen seiner Sensoren verknüpfen können: „Falls links ein Baum steht, und vorne kein Baum steht, dann ...". Abbildung 3.4 illustriert diese Art von Logik. So wird zum Beispiel der zweite Übergang genau dann gewählt, wenn der Käfer vor einem Baum und auf einem Kleeblatt steht. Boole'sche Logik ist ein zentraler Bestandteil von Kara und führt zur klassischen, von George Boole vor 150 Jahren begründeten Aussagenlogik.

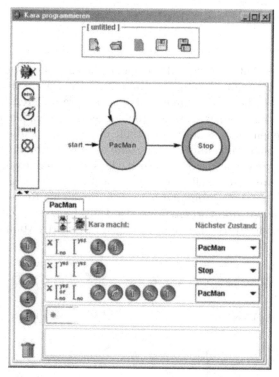

Abb. 3.3. Die Kara-Umgebung (Programmeditor)

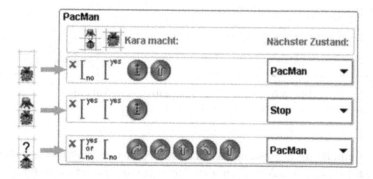

Abb. 3.4. Eine Zustandsübergangs-Tabelle im Kara-Programmeditor

3.2 Einfache Beispielaufgaben

Was ein endlicher Automat ist und wie man einen endlichen Automat erstellt,
reicht nicht zur Programmierung von Kara. Zum Programmieren gehört auch
planmässiges Vorgehen. Bevor man mit dem Programmieren beginnt, sollte
man eine Vorstellung haben, wie das Problem gelöst werden kann. Ist das Programm geschrieben, muss man sich Testfälle überlegen, um allfälligen Fehlern
effizient auf die Spur zu kommen. Man sollte auch eine Ahnung davon haben,
wie man sich formal von der Korrektheit eines Programmes überzeugt. Das
Konzept der Invariante spielt dabei eine wichtige Rolle. Dazu braucht der
Schüler „Hands-on" Erfahrung und muss sich durch eine Reihe von Program-
mieraufgaben selber durcharbeiten. In der Umgebung sind einige Beispiele
von Aufgaben samt Testwelten und Lösungen integriert (Abbildung 3.5).

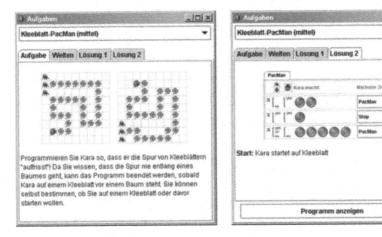

Abb. 3.5. In die Umgebung integrierte Aufgaben

Die Spannbreite der Aufgaben reicht von einfachen Einstiegsaufgaben bis
hin zu anspruchsvollen Aufgaben: den Ausgang eines Labyrinthes finden, Slalom fahren, Schachbrett-Muster legen, vereinfachte Versionen von PacMan
oder Sokoban spielen, die Türme von Hanoi umordnen oder mit den Kleeblättern binäre Pascal-Dreiecke erzeugen. Einige ausgewählte Aufgaben stellen wir im folgenden vor, um einen Eindruck von der Programmierung Karas
zu vermitteln.

Beispiel 1: „Ping Pong" – „Hello World" von Kara

Ein einfaches Programm lässt Kara endlos zwischen zwei Bäumen hin- und
herlaufen. Abbildung 3.6 zeigt eine mögliche Ausgangssituation und ein Programm, das die Aufgabe erfüllt. Der Automat hat nur einen Zustand ping
pong. Der Zustand stop wird nicht mitgezählt, da er immer vorhanden und
nur die einzige Funktion hat, die Programmausführung zu terminieren. Nach
einem Übergang in diesen Zustand endet die Programmausführung. Im Zustand ping pong betrachtet Kara den Sensor „vor Baum?". In der Zustandstabelle ist festgelegt, dass der Käfer einen Schritt nach vorne macht, wenn
er nicht vor einem Baum steht, und dass er sich um 180° dreht, wenn er vor
einem Baum steht. In beiden Fällen bleibt er im Zustand ping pong. Da kein
Übergang in Zustand stop führt, terminiert das Programm nicht.

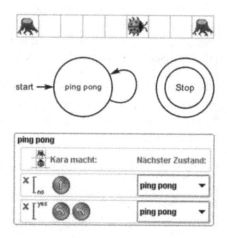

Abb. 3.6. Ping Pong mit Kara

Schon diese einfache Aufgabe zeigt einige interessante Aspekte. Zum einen
sind Programme für Kara nur dann von Interesse, wenn die Aufgabenstellung
nicht für eine konkrete Welt, sondern für eine ganze Klasse von Welten gedacht ist. Beim Ping Pong darf das Programm nicht davon abhängen, wie weit
die Bäume voneinander entfernt sind. Da der Käfer die Himmelsrichtungen
nicht unterscheiden kann, spielt es keine Rolle, ob er das Ping Pong horizon-
tal oder vertikal ausführt. Ein weiterer Punkt sind Pre-Conditions: Damit das
Programm seine Aufgabe korrekt erfüllt, muss als Vorbedingung vor und hinter dem Käfer je ein Baum direkt erreichbar sein, ohne Pilze dazwischen. Die
korrekte Initialisierung der Welt von Kara, das Erfüllen der Pre-Condition,
muss der Benutzer vor dem Start des Programms vornehmen.

Schliesslich gibt es bei dieser Aufgabe wie bei fast jeder Aufgabe mehrere
richtige Lösungen. Ob der Käfer vor den Bäumen links- oder rechtsum kehrt-

macht, spielt für das Ping Pong Programm keine Rolle. Per Voreinstellung erwartet Kara, dass seine Automaten deterministisch sind. Das heisst, in jedem Zustand ist jeder Kombination von Sensorwerten ein eindeutig bestimmter Übergang zugeordnet. Man kann Kara aber auch anweisen, seine Automaten als nichtdeterministische Automaten zu betrachten. In diesem Modus können im Ping Pong-Programm für die Situation „Kara vor Baum" zwei Übergänge definiert werden. Ein Übergang lässt den Käfer die Drehung um 180° rechtsherum machen, der andere linksherum. Vom Resultat her sind die beiden Übergänge äquivalent. Bei der Programmausführung wird Kara in einem solchen Fall zufällig einen der beiden Übergänge wählen.

Beispiel 2: Kara, der Spaziergänger – Einfache Invariante

Das wichtige algorithmische Konzept der Invariante lässt sich an einfachen Beispielen illustrieren. In der Welt gibt es Rundgänge, die der Käfer endlos ablaufen kann (Abbildung 3.7 links). Ein Rundgang hat folgende Eigenschaft: Jedes Feld in dem Rundgang hat genau zwei freie, unmittelbar benachbarte Felder. Aufgrund dieser Eigenschaft können wir den Käfer durch den Rundgang steuern (Abbildung 3.7 rechts). Gehen wir davon aus, dass er zu Beginn hinter sich ein freies Feld hat, so ist genau eines der Felder vor, links oder rechts von ihm frei. Dieses Feld besucht er als nächstes. Jetzt gilt wieder, dass das Feld hinter ihm frei ist, und wieder kann er ganz einfach bestimmen, wohin er als nächstes läuft.

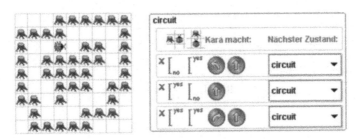

Abb. 3.7. Rundgang in Karas Welt

Dieses Programm zeigt die Idee von Invarianten beim Entwurf von Algorithmen. Abbildung 3.8 veranschaulicht die Invariante des Programms für den Rundgang: Hinter dem Käfer ist ein freies Feld, genau eines der drei Fragezeichen steht für ein freies Feld, und die beiden anderen Fragezeichen stehen für Bäume. Startet der Käfer die Programmausführung unter Einhaltung der Invariante mit einem freien Feld hinter sich, ist es ein leichtes, einen Schritt auf das nächste freie Feld zu machen. Aufgrund der Eigenschaft der Rundgänge wissen wir, dass jetzt die Invariante wieder erfüllt ist. Somit sind wir überzeugt, dass der Käfer immer auf dem Rundgang bleibt.

Abb. 3.8. Invariante beim Rundgang

Die für die Informatik wichtige Idee eines Korrektheitsbeweises lässt sich ebenfalls gut illustrieren. Aus der Invarianten folgt, dass der Käfer nie in einen Baum läuft. Aber macht er auch wirklich Fortschritte entlang seines Rundgangs oder dreht er sich nur an Ort und Stelle? Nummeriert man die Felder auf dem Rundgang, so stellt man fest, dass Kara bei jedem Zustandsübergang zum nächsten Feld des Rundgangs vorrückt. Somit läuft der Käfer den Rundgang wirklich ab.

Beispiel 3: Spiralen zeichnen – Sensor simulieren

Der Marienkäfer soll spiralförmig ein Rechteck erstellen, das immer grösser und grösser wird. Zu Beginn soll die Welt leer sein. Abbildung 3.9 zeigt, wie der Käfer ein bereits gezeichnetes Kleeblatt-Rechteck im Uhrzeigersinn laufend ergänzt.

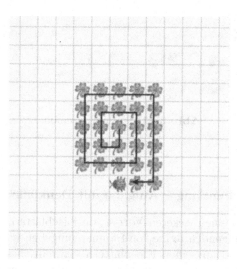

Abb. 3.9. Kara zeichnet spiralförmig ein Kleeblatt-Rechteck

Die Lösung dieser Aufgabe wäre einfach, wenn Kara einen Sensor „Kleeblatt rechts?" hätte. In diesem Fall würde er bei jedem Schritt schauen, ob rechts von ihm ein Kleeblatt liegt. Falls ja, befindet er sich an der Seite der Spirale, legt ein Kleeblatt und macht einen Schritt vorwärts. Liegt rechts von ihm kein Kleeblatt, so befindet er sich an einer Ecke. In diesem Fall legt er ein Kleeblatt, macht eine Rechtsdrehung und einen Schritt vorwärts. Abbildung 3.10 zeigt das Programm.

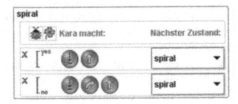

Abb. 3.10. Programm mit „erfundenem" Sensor

Um den nicht vorhandenen Sensor „Kleeblatt rechts?" zu simulieren, begibt sich Kara nach jedem Schritt vorwärts zusätzlich gleich auf das Feld rechts von ihm in die Ausgangsposition für den nächsten Übergang (Abbildung 3.11). Steht er dann auf einem Kleeblatt, so macht er im nächsten Übergang gleich wieder rechtsumkehrt.

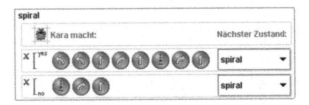

Abb. 3.11. Spiral-Programm

Beispiel 4: Wand entlang – Aufgabe mit Denkfalle

Der Käfer hat sich einen leckeren Vorrat von Kleeblättern angelegt, der von einer zusammenhängenden Reihe von Bäumen umgeben ist (Abbildung 3.12). Damit sich niemand an seinen Kleeblättern vergreift, beschliesst er, seinen Vorrat zu bewachen und den Bäumen entlang zu patrouillieren. Dieses Beispiel illustriert ebenfalls die Bedeutung von Invarianten.

Der Einfachheit halber nehmen wir an, dass Kara beim Start des Programms rechts oder rechts hinten die Wand berührt. Mindestens einer der

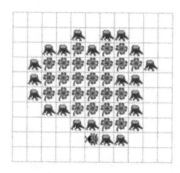

Abb. 3.12. Kara läuft einer „Wand" von Bäumen entlang

beiden Bäume in Abbildung 3.13 muss also vorhanden sein. Die Fragezeichen bedeuten, dass der „Inhalt" des entsprechenden Feldes irrelevant ist. Kara muss die Vorbedingung bei jedem Übergang aufrecht erhalten, sonst verliert er den Kontakt zur Wand. Daher muss das Prädikat „Wand rechts oder rechts hinten" zur Invariante des zu entwickelnden Programms werden.

Abb. 3.13. Prädikat „Wand rechts oder rechts hinten"

Das Programm hat nur einen Zustand patrol (Abbildung 3.14). Zur besseren Veranschaulichung zeigt die Abbildung links, wie die durch die Sensorwerte beschriebene Situation für Kara aussieht. Wenn rechts vom Käfer kein Baum steht, so biegt die Wand nach rechts ab. Mit einer Rechtsdrehung und einem Schritt vorwärts stellt er die Invariante wieder her. Wenn rechts ein Baum steht, macht der Käfer einen Schritt vorwärts oder eine Linksdrehung, je nachdem, ob vor ihm ein Baum ist. Auf keinen Fall darf er nach der Linksdrehung einen Schritt vorwärts machen: Er könnte in einer Sackgasse stecken, die eine weitere Linksdrehung erfordert, bevor der Weg nach vorne frei ist.

Die fertige Lösung sieht einfach aus. Der Käfer prüft alle möglichen Zustände seiner unmittelbaren Umgebung und schliesst daraus, ob er nach rechts, geradeaus, oder nach links abbiegen soll. Der endliche Automat entpuppt sich als das richtige Rechenmodell, um die notwendige Logik knapp und übersichtlich darzustellen.

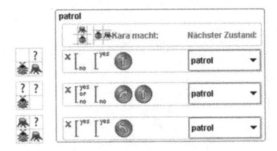

Abb. 3.14. Programm für „Wand entlang"

Beispiel 5: PacMan – Knifflige Reduktion der Anzahl Zustände

Inspiriert von dem Game-Klassiker PacMan soll Kara einer Kleeblattspur folgen und dabei die Blätter aufnehmen (Abbildung 3.15). Der Einfachheit halber soll die Spur nie verzweigen und nie entlang von Bäumen verlaufen, sondern lediglich vor einem Baum enden. Ohne diese Annahmen würde das Lösen der Aufgabe einiges aufwändiger.

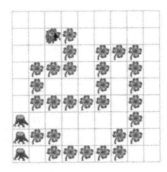

Abb. 3.15. Kara folgt einer Kleeblattspur

Im Kern ist diese Aufgabe eng mit der Aufgabe „Wand entlang" verwandt. Kara läuft nicht mehr einer Wand von Bäumen entlang, sondern er folgt einer Kleeblattspur. Der Hauptunterschied ist, dass das Programm für „Wand entlang" mit einem Sensor den weiteren Verlauf der Wand eruieren kann. Bei der Kleeblattspur ist das nicht so einfach: Kara hat keine Sensoren, die ihm sagen, ob auf den Nachbarfeldern Kleeblätter liegen oder nicht. Diese Information muss sich Kara erst mal zusammensuchen.

Im Wesentlichen muss Kara ausgehend von seinem aktuellen Feld dasjenige Nachbarfeld finden, auf dem ein Kleeblatt liegt. Dieses Problem lässt sich einfach lösen: Für jede Himmelsrichtung, die der Käfer betrachten muss, verwendet man einen Zustand. Allerdings ist diese Lösung recht umständlich mit drei fast identischen Zuständen. Der Trick für eine kompaktere Lösung besteht darin, den Käfer die Felder zum Beispiel im Uhrzeigersinn absuchen zu lassen. Abbildung 3.16 zeigt, wie der Käfer im Uhrzeigersinn das nächste Blatt findet. In dem gezeigten Beispiel liegt das nächste Kleeblatt so ungünstig, dass der Käfer drei Himmelsrichtungen umsonst absucht.

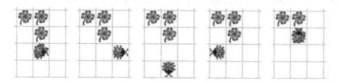

Abb. 3.16. Suchen eines benachbarten Kleeblatts im Uhrzeigersinn

Der Algorithmus zur Suche im Uhrzeigersinn lässt sich einfach mit einem einzigen Zustand implementieren (Abbildung 3.17). Solange der Käfer nicht vor einem Baum steht, sucht er immer zuerst das nächste Kleeblatt auf dem Feld vor sich (1. Übergang). Falls es dort kein Kleeblatt liegt, macht er kehrt um und sucht im Uhrzeigersinn weiter (3. Übergang).

Abb. 3.17. Das PacMan-Programm

3.3 Anspruchsvollere Beispielaufgaben

In den bisherigen Beispielen verfügten Karas Programme über einen einzigen Zustand. Für diese einfachen Beispiele brauchen wir den Begriff des Automaten eigentlich noch nicht. Der Zustandsraum eines Automaten hat den Hauptzweck, als Speicher zu dienen, der Informationen aus der Vergangenheit in die Zukunft übertragen kann. Bei einem einzigen Zustand fällt diese Funktion weg. Die folgenden Beispiele nutzen die Rolle des Zustandsraums als Speicher.

Beispiel 6: Kara fährt Slalom – Programm mit zwei Zuständen

Der Marienkäfer soll um Bäume in seiner Welt Slalom fahren. Die Bäume sind im Abstand von einem Feld aufgestellt (Abbildung 3.18). Der Käfer soll beim linken Baum mit einer Linksdrehung starten, dann zwischen den Bäumen abwechselnd in eine Rechts- oder Linksdrehung übergehen. Den letzten Baum soll er umrunden und den Slalom in umgekehrter Richtung fortsetzen.

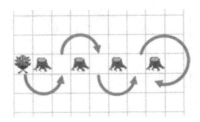

Abb. 3.18. Slalom zwischen den Bäumen

Wenn der Käfer zwischen zwei Bäumen steht, so muss er wissen, ob er eine Rechts- oder eine Linksdrehung beginnen soll. Das kann er sich elegant mit Hilfe seiner Zustände merken. Abbildung 3.19 zeigt ein Programm, das den Käfer den Slalom ablaufen lässt. Im Zustand left läuft der Käfer solange um einen Baum zu seiner Linken, bis er zwischen zwei Bäumen steht. Dann wechselt er in den Zustand right, in dem er solange um einen Baum zu seiner Rechten läuft, bis er zwischen zwei Bäumen steht. Die beiden Zustände sind symmetrisch zueinander und haben die Aufgabe, abwechselnd die Aktionen „linksherum" und „rechtsherum" auszuführen.

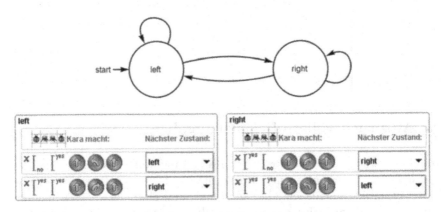

Abb. 3.19. Das Slalom-Programm

Beispiel 7: Binäre Pascal-Dreiecke – Zustandsraum als Speicher

Erinnern wir uns an das Pascal-Dreieck (Abbildung 3.20 links). Die erste und letzte Zahl jeder Reihe ist 1; die übrigen Zahlen erhält man, indem man jeweils die beiden darüber stehenden Zahlen addiert. So entsteht das Pascal-Dreieck mit vielen faszinierenden Eigenschaften.

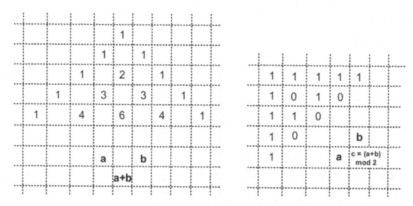

Abb. 3.20. „Normales" Pascal-Dreieck und Pascal-Dreieck modulo 2 „gekippt"

In diesem Beispiel soll Kara ein binäres Pascal-Dreieck zeichnen. Jede Zahl des Pascal-Dreiecks wird „modulo 2" abgebildet: eine gerade Zahl wird als freies Feld dargestellt, eine ungerade Zahl als Feld mit einem Kleeblatt. Der Einfachheit halber kippen wir das Dreieck in die linke obere Ecke der Welt. Abbildung 3.20 (rechts) zeigt die Berechnung im „gekippten" Pascal-Dreieck.

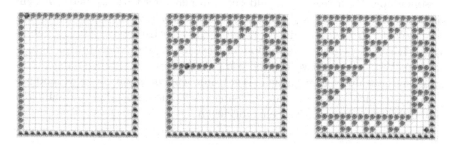

Abb. 3.21. Kara berechnet das Pascal-Dreieck modulo 2

Die Berechnung der Werte im Pascal-Dreieck, das heisst das Platzieren von Kleeblättern durch den Käfer, ist im Prinzip einfach: Er berechnet das Pascal-Dreieck zeilenweise von links nach rechts (Abbildung 3.21). Erreicht er bei der Berechnung das Ende einer Zeile, markiert durch einen Baum, so läuft er an den Anfang der nächsten Zeile.

Wie berechnet der Käfer die Werte der einzelnen Zellen des Pascal-Dreiecks? Er läuft in der oberen Zeile in Abbildung 3.22 von links nach rechts und berechnet sukzessive die Werte in der unteren Zeile. Mit Hilfe der beiden Zustände carry0 und carry1 merkt er sich den Wert des von ihm soeben besuchten Feldes hinter ihm in der unteren Zeile. In der Abbildung befindet sich auf diesem Feld ein Kleeblatt (eine ungerade Zahl) und der Käfer befindet sich damit im Zustand carry1.

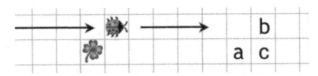

Abb. 3.22. Berechnung der Felder im Pascal-Dreieck

Kommt der Käfer auf Feld b, so berechnet er den Wert $c = a + b \ (mod \ 2)$ aufgrund des Wertes des Feldes b und seines aktuellen Zustandes. Befindet er sich im Zustand carry1 und liegt auf Feld b kein Kleeblatt (also eine gerade Zahl), so legt der Käfer ein Kleeblatt auf Feld c, bleibt im Zustand carry1 und fährt in der oberen Zeile weiter. Abbildung 3.23 zeigt das Programm mit Zustand carry1. Der Zustand carry0 ist analog definiert.

Die Lernumgebung Kara zeigt, dass Theorie nicht a priori abstrakt und schwer sein muss. Im Gegenteil: Kara hat geradezu einen spielerischen Charakter und trägt damit einem von Guzdial und Soloway aufgebrachten Aspekt Rechnung. In *Teaching the Nintendo Generation to Program* argumentieren sie, dass die hohe Ausfallsquote in heutigen Informatik-Kursen teilweise Lehrpersonen mit einem veralteten Bild der heutigen Informationsgesellschaft zuzuschreiben ist [GS02]. Während in Zeiten textbasierter Computerterminals „Hallo Welt"-Programme für Studierende ein wichtiges erstes Erfolgserlebnis war, wächst die heutige „Nintendo-Generation" in einer von Multimedia geprägten Welt auf und erwartet von computerbasierten Lernumgebungen entsprechend gestaltete Oberflächen. Der Unterricht muss auf dieses veränderte Umfeld Rücksicht nehmen, wenn es gelingen soll, die Lernenden zu faszinieren und aktiv im Lernprozess mit einzubeziehen.

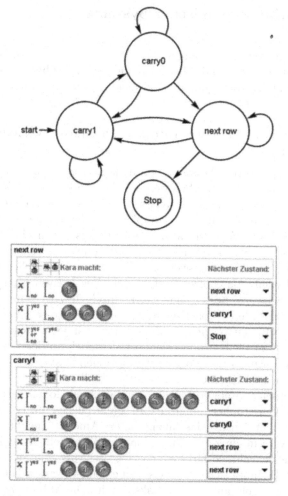

Abb. 3.23. Das Programm für binäre Pascal-Dreiecke

3.4 Simulation dynamischer Systeme

Es gibt Beispiele von Kara-Aufgaben, bei denen nicht das Programmieren im Vordergrund steht, sondern das faszinierende und auch überraschende Verhalten von endlichen Automaten. Drei Beispiele stellen wir im folgenden vor.

Kara als Ameise: Einfacher Automat, komplexes Verhalten

Aus der Mathematik sind Beispiele von dynamischen Systemen bekannt, die durch einfache Regeln beschrieben werden, aber ein komplexes Verhalten aufweisen. Auch in der Natur treten dynamische Systeme auf, die einfachen Regeln gehorchen, aber ein äusserst komplexes Verhalten zeigen. Ein Beispiel sind Vogelschwärme. Vogelschwärme bestehen aus vielen einzelnen Vögeln, bleiben über lange Strecken zusammen und können trotzdem sehr flexibel auf Hindernisse reagieren, ausweichen oder sich vorübergehend in kleinere Schwärme aufteilen. Als Ganzes lässt sich ein Vogelschwarm nur schwer modellieren. Der Schwarm besteht aus vielen einzelnen Vögeln und es fehlt eine Steuerungszentrale. Jeder Vogel versucht, Zusammenstösse mit den Vögeln in unmittelbarer Nähe zu vermeiden. Zudem versucht jeder Vogel in der Nähe seiner Nachbarn zu bleiben und orientiert sich auch an der Geschwindigkeit seiner Nachbarn. Ein solches Vogelschwarm-Modell lässt sich prinzipiell durch entsprechend viele identische Automaten beschreiben.

Wir betrachten hier ein noch weiter vereinfachtes Modell, das auf eine Fragestellung von Christopher Langton zurückgeht (siehe zum Beispiel [Gal98]). Langton betrachtet Turing-Maschinen, die er „Ameisen" nennt. Die Ameisen arbeiten wie Kara in einer zweidimensionalen Welt. Befindet sich die Ameise auf einem weissen Feld, so färbt sie das Feld schwarz und geht auf das Feld rechts von ihr. Befindet sich die Ameise auf einem schwarzen Feld, so färbt sie das Feld weiss und geht auf das Feld links von ihr. Die Abbildung 3.24 zeigt ein Kara-Programm, das diese Ameise simuliert. Felder ohne Kleeblätter werden als weiss und Felder mit Kleeblätter als schwarz betrachtet.

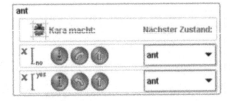

Abb. 3.24. Programm für Langton's Ameise

Das Programm zeigt zu Beginn ein Verhalten ohne erkennbares Muster. Nach rund 10'000 Zustands-Übergängen beginnt die Ameise aber Strukturen zu bauen, die von ihrem Entdecker James Propp „Autobahnen" genannt werden. Abbildung 3.25 (links) zeigt eine Welt von Kara, in der eine Autobahn sichtbar ist, die sich endlos nach links oben erstreckt (solange es Platz hat). Es scheint aufgrund von empirischen Versuchen, dass die Ameise stets in die Phase des Autobahnbaus gerät.

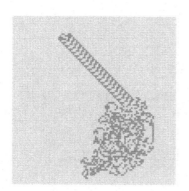 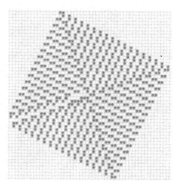

Abb. 3.25. Muster von Langton's Ameise sowie von einer modifizierten Ameise

Durch Variation des obigen Programmes lassen sich leicht andere verblüffende Muster erzeugen. Von Horst Müller stammt der Vorschlag, dass Kara nach einer Linksdrehung zwei Schritte vorwärts macht. Dabei entsteht das in Abbildung 3.25 rechts dargestellte Muster. Im Kontrast zu dem Muster der Original-Ameise ist es von Anfang an hochgradig regelmässig.

Langton's Ameise lässt sich verallgemeinern. Lässt man mehr als zwei Farben zu, entstehen weitere faszinierende Muster. Da Kara in seiner einfachsten Realisierung nur zwei Farben kennt, lassen sich mehrfarbige Ameisenwelten mit Kara nicht umsetzen. Betrachtet man aber mehrere Karas, die Kleeblätter mit unterschiedlichen Farben legen können, eröffnet sich mit Kara ein riesiges Experimentierfeld in der Welt der Ameisen.

Zweidimensionale Random Walks

Werden hinreichend kleine Partikel in einer Flüssigkeit unter dem Mikroskop betrachtet, so fällt eine äusserst unregelmässige Zitterbewegung auf, die Brown'sche Bewegung. Sie ist der Prototyp einer Irrfahrt. In der Theorie der Brown'schen Bewegung ist die Bahn eines Teilchen als Ergebnis eines stochastischen Prozesses eine selbstähnliche Kurve, nach heutiger Sprechweise ein Fraktal. Mit Kara lassen sich solche ein- und zweidimensionale Irrfahrten einfach simulieren. Kara startet irgendwo und wird durch einen einfachen probabilistischen Automaten gesteuert: Er macht mit gleicher Wahrscheinlichkeit einen Schritt nach links, rechts, vorwärts oder rückwärts. Nach jedem Schritt legt er ein Kleeblatt ab, falls nicht schon ein Kleeblatt auf dem Feld liegt. Abbildung 3.26 zeigt drei Beispiele von so entstehenden Bahnen.

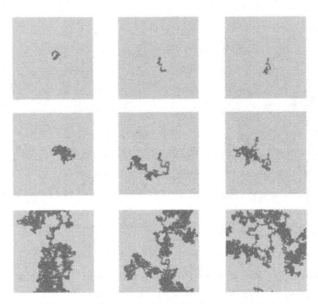

Abb. 3.26. Drei Random Walks nach 100, 1'000 und 10'000 Zustandsübergängen

Im Zusammenhang mit solchen Irrfahrten tauchen allerlei Fragen auf: Werden bei einer solchen Irrfahrt langfristig alle Felder besucht? Wie gross ist die Wahrscheinlichkeit, dass der Käfer wieder an seinen Ausgangspunkt zurückkehrt. Die Wahrscheinlichkeitstheorie beantwortet diese Fragen für unendlich grosse Gitter, und die Antwort hängt wesentlich von der Dimension der Welt ab (siehe [Pol21] oder auch [DS84]). Bei einer Irrfahrt auf einem eindimensionalen oder einem zweidimensionalen Gitter wird beispielsweise der Startpunkt mit Wahrscheinlichkeit 1 in Zukunft wieder besucht. In Gittern mit Dimension grösser als 2 besucht das betrachtete Teilchen den Startpunkt ein weiteres Mal mit Wahrscheinlichkeit kleiner als 1 und entschwindet irgendwann ins Unendliche. Die Kara-Programmierumgebung erlaubt die einfache Visualisierung und experimentelle Überprüfung dieser Sachverhalte für Dimension 1 und 2. Anzumerken ist allerdings, dass die Welt von Kara beschränkt ist und sich die theoretischen Resultate damit nicht eins zu eins übertragen lassen.

Diffusion Limited Aggregation – Diffusionsprozesse

Diffusionsprozesse mit resultierenden Ansammlungen von Partikeln dienen beispielsweise der Simulation des Wachstums von Eiszapfen oder anderer Kristalle. Sie liefern viele interessante graphische Darstellungen von natürlichem, chaotischem Verhalten und lassen sich mit Kara einfach simulieren. Anstelle von Partikeln verwenden wir Kleeblätter.

Im einfachsten Fall der Simulation eines Diffusionsprozesses enthält die Welt eine einzige Keimzelle in Form eines Kleeblattes. Der Marienkäfer startet dann an einem beliebigen anderen Ort in der Welt seine zweidimensionale Irrfahrt. Nach meist langer Reise trifft der Käfer auf das Feld mit dem Kleeblatt und heftet an diesen „Keim" ein weiteres Kleeblatt. Die Keimfigur besteht jetzt aus zwei Kleeblättern. Der Käfer bewegt sich wieder von der Keimfigur weg und startet eine erneute Irrfahrt und wird irgendwann ebenfalls auf die nun grössere Keimfigur treffen und ein weiteres Kleeblatt anheften. Kleeblatt um Kleeblatt sammeln sich so in der Keimfigur an. Weil die „diffundierenden Kleeblätter" auf ihren Irrfahrten zuerst die äusseren Bereiche der Keimfigur treffen, wachsen verästelte Arme in alle Richtungen.

Die Rechenleistung von Kara ist zu gering, als dass man nach obigem Verfahren in vernünftiger Zeit interessante Keimfiguren erzeugen kann. Der Prozess lässt sich aber beschleunigen, wenn man anstelle eines einzigen Kleeblattes eine grössere Keimfigur verwendet und zum Beispiel mit mehreren Kleeblattlinien ein Kleeblattgitter formt. Damit erhöht sich die Wahrscheinlichkeit, dass der Marienkäfer auf seiner Irrfahrt auf ein Kleeblatt der Keimfigur trifft. Abbildung 3.27 zeigt das ausgehend von einem „Kleeblatt-Draht" entstandene Muster. Der Automat, der dieses Muster erzeugt, simuliert Regentropfen: Er lässt den Marienkäfer von der Baumreihe nach unten oder nach oben laufen, wobei er sich probabilistisch nach links oder rechts bewegt. Findet er ein Kleeblatt, so legt er ein weiteres. Dann läuft er zurück zu den Bäumen und beginnt von vorne.

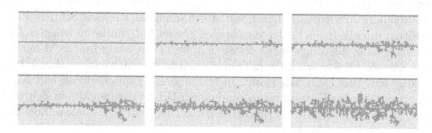

Abb. 3.27. Simulation eines Diffusionsprozesses

3.5 Kara stösst an seine Grenzen

Es gibt Aufgabenstellungen, bei denen es auf den ersten Blick überraschen mag, dass ein endlicher Automat mit seinen recht beschränkten Fähigkeiten sie bewältigen kann. Damit stösst man zu Fragen der Berechenbarkeit vor – was kann ein endlicher Automat wie Kara, was kann er nicht? Diese Frage hat eine theoretische und eine praktische Antwort. Die theoretische Interpretation führt zum Kern der theoretischen Informatik, nämlich zur Frage, was ist berechenbar. Wir schneiden diese Fragestellung kurz im Abschnitt 5.2 und im Kapitel 6, TuringKara, an, ohne die zugehörige Theorie zu behandeln. Wir zeigen nur, dass Kara lehrreiche Anschauungsbeispiele zum Studium der Berechenbarkeitstheorie bietet.

In diesem Abschnitt wollen wir den praktischen Aspekt dieser Frage an einem Beispiel illustrieren. Es handelt sich dabei um Aufgaben, zu denen der theoretische Informatiker auf Grund allgemeiner Überlegungen sagt, „es muss im Prinzip möglich sein". Die Lösungsidee in ein Programm umzusetzen ist aber äusserst schwierig und langwierig.

Als Beispiel betrachten wir die beliebte Denkaufgabe, einen Weg aus einem Labyrinth zu finden. Wir formulieren diese Aufgabe in der Variante, dass Kara einen beliebigen zusammenhängenden Raum vollständig besuchen und jedes freie Feld innerhalb des Raumes mit einem Kleeblatt belegen soll. Allfällig vorhandene Ausgänge aus dem Labyrinth werden dann sicher auch besucht.

Die gedanklich einfachste Lösung des Labyrinthproblems besteht aus einer Zufallswanderung: Kara läuft zufallsgesteuert im Raum herum und belegt dabei die freien Felder, auf die er trifft. Dieser nichtdeterministische Algorithmus Nichtdeterministischer Algorithmus ist theoretisch wirksam in dem Sinne, dass unter sehr allgemeinen Bedingungen Kara mit Wahrscheinlichkeit 1 (also fast sicher) früher oder später jedes erreichbare Feld besuchen wird. Für den Beobachter ist eine Zufallswanderung jedoch frustrierend: Dieselben Felder werden immer wieder besucht, während ganz in der Nähe Löcher im Teppich der Kleeblätter lange überleben. Mit dem nichtdeterministisches Programm in Abbildung 3.28 kann der Leser Statistiken sammeln, wie viele Schritte Kara benötigt, um alle freien Felder verschieden grosser Labyrinthe zu belegen. Der Benutzer muss allerdings selbst feststellen, wann das letzte freie Feld mit einem Kleeblatt belegt wird, denn Kara kann nicht wissen, wann er seine Arbeit erledigt hat, und kann daher auch nicht aufhören. Typischerweise legt Kara die ersten 75% der Kleeblätter in rund einem Drittel der benötigten Zeit und braucht für die weiteren 25% rund zwei Drittel der Zeit. Die Zufallswanderung ist keine effiziente Lösung.

Wir wollen hier untersuchen, ob Kara das Labyrinthproblem auch deterministisch lösen kann, und falls ja, wie. Kara muss dazu die Welt als Speicher benutzen. Nicht nur um sich zu merken, welche Felder er bereits besucht hat, sondern um eine Suchstruktur aufzubauen, eine Art primitive Landkarte.

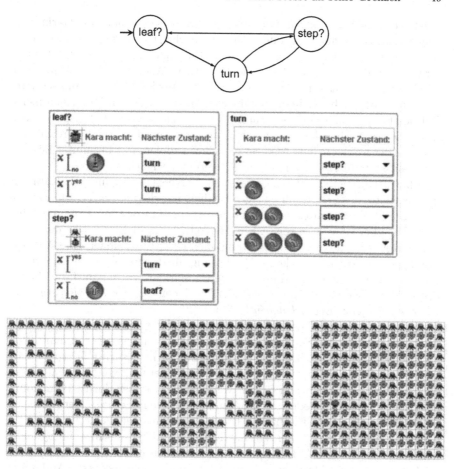

Abb. 3.28. Nichtdeterministische Irrfahrt mit Hindernissen: Das Programm und drei Schnappschüsse der Welt im Laufe der Zeit

Die griechische Mythologie enthält bereits eine Anleitung dazu, wie man ein unbekanntes Labyrinth systematisch absucht. Als Theseus den Minotaurus in seinem Labyrinth auffinden wollte, zog er eine Schnur hinter sich her, deren anderes Ende Ariadne am Eingang fest hielt. Damit konnte Theseus den Weg zurück zum Eingang finden. Die Mythologie hat wohl vergessen zu erzählen, dass Theseus auch noch einen Eimer voll Leuchtfarbe braucht, um zu verhindern, dass er wiederholt dieselben dunklen Gänge absucht.

Die Informatik hat das erschöpfende Absuchen eines Labyrinths zu einem Standardverfahren entwickelt, genannt Backtracking, das in fast jedem Lehrbuch über Algorithmen und Datenstrukturen zu finden ist. Backtracking wird in Abschnitt 6.2 am Beispiel Traversieren eines Labyrinths als TuringKara Programm dargestellt. Ariadnes Faden wird dargestellt durch Pfeile, die von jedem Feld zurück zum Ausgangsfeld zeigen. Diese permanente Markierung erfüllt gleichzeitig auch die Funktion der Leuchtfarbe, indem jedes besuchte Feld gekennzeichnet ist. Theseus marschiert auf noch nicht besuchten Feldern vorwärts und malt am Boden seine Rückwärts-Wegweiser hin. Wenn er in eine Sackgasse gerät, oder auf ein früher besuchtes Feld stösst, dann schreitet er solange zurück, bis er beim ersten noch nicht markierten Feld einen neuen Teil des Labyrinths erforschen kann. Wenn er zurück am Ausgangsfeld kein unmarkiertes Nachbarfeld mehr sieht, dann weiss er, dass er alle erreichbaren freien Felder markiert hat. Also ein einfaches Problem mit bekannter Lösung, und deshalb das Urteil „es muss im Prinzip möglich sein".

Aber der Teufel steckt im Detail, und hier liegt es daran, dass Kara nur ein Kleeblatt, das heisst, ein einziges Bit hat, mit dem er ein Feld markieren kann. Damit, so scheint es, kann er höchstens die Information „schon besucht" hinmalen, aber keine Wegweiser. Ein Theoretiker ist aber immer an der Frage interessiert, was die schwächsten Annahmen sind, unter denen eine Aufgabe gerade noch gelöst werden kann. Die Lösung für das Problem der Labyrinth-Traversierung, wenn ein Feld nur zweiwertig markiert werden darf, beschreibt Horst Müller bereits 1977 in seinem Artikel *A One-Symbol Printing Automaton Escaping from Every Labyrinth* [Mue77].

Müller's trickreiche Lösung beginnt mit der Feststellung, dass Kara mindestens fünf verschiedene Symbole in seinem Alphabet haben sollte, um mit Pfeilen die Richtung des Rückwegs anzuzeigen und nicht besuchte Felder unmarkiert zu lassen. Kara hat aber nur zwei Symbole, leer und Kleeblatt. Falls Kara aber zwei benachbarte Felder für die Markierung benutzen dürfte, dann könnte er darin vier verschieden Makrosymbole kodieren: leer-leer, leer-Kleeblatt, Kleeblatt-leer, Kleeblatt-Kleeblatt. Mit vier benachbarten Feldern, die zu einem Makrofeld vereinigt werden, hat Kara bereits 16 verschiedene Symbole in seinem Makro-Alphabet. Wenn wir also die freien Felder des Labyrinths als ein Gitter von 2×2 Makrofeldern organisieren, dann enthält jedes Makrofeld genügend Speicherkapazität, um die benötigte Backtracking-Information zu speichern.

Die Realisierung dieser Grundidee der Symbol-Kodierung wird natürlich durch viele Details erschwert. So lassen sich die freien Felder eines Labyrinths im Allgemeinen nicht durch überlappungsfreie 2×2 Makrofelder überdecken. Als Folge davon müssen viele Fallunterscheidungen berücksichtigt werden, was zu einer sehr komplizierten Lösung führt. Der von Horst Müller definierte endliche Automat für diese Aufgabe umfasst 7968 Zustände. Allerdings darf Kara im Vergleich zu üblichen endlichen Automaten pro Zustandsübergang mehr Befehle ausführen, so dass ein Kara-Automat vielleicht mit einigen hundert Zuständen auskommen würde. Die konkrete Umsetzung dieses Automaten wäre aber auf alle Fälle sehr aufwändig.

Als Fazit dieses Beispiels möge die folgende Zusammenfassung dienen. Die Frage „Was kann ein bestimmtes Berechnungsmodell (ein Computer mit einer bestimmten Software, die zur Verfügung steht), und was nicht?", stellt sich dem Programmierer recht oft. Die Frage wird aber selten im theoretischen

Sinne interpretiert, denn dann ist die Antwort fast immer „es muss im Prinzip möglich sein", zumindest für praxisnahe Problemstellungen. Im Gegensatz dazu tritt bei der praktischen Interpretation die Antwort „mit vertretbarem Aufwand nicht möglich" recht oft auf.

4

Logik: Die Arithmetik des Denkens

Die mathematische oder formale Logik spielt beim Programmieren immer mit. Hin und wieder explizit, indem das Programm, durch logische Formeln ergänzt, zu einem formal überprüfbaren Korrektheitsbeweis führt. Meistens wird die Logik jedoch nicht bewusst formuliert, sondern sie begleitet die Tätigkeit des Programmierens wie kaum wahrgenommene Hintergrundmusik. Warum sollte es anders sein? Wir alle wissen doch, wie man logisch denkt. Oder vielleicht doch nicht?

Die Menschheit hat einige Jahrtausende lang mit der Frage gerungen, was logisch korrektes Denken sei. Anlass dazu war die Erkenntnis, dass Begriffsbildungen und Folgerungen, die für sich alleine betrachtet harmlos und plausibel erscheinen, zu unerwarteten Widersprüchen führen können. Erst im Laufe des vergangenen Jahrhunderts hat die Logik mit bahnbrechenden Errungenschaften Methoden entwickelt, mit deren Hilfe viele Aspekte des korrekten Schliessens formal, also auch automatisch, überprüft werden können. Diese Technik ist für die Informatik von entscheidender Bedeutung. Die komplexen ICT Systeme, auf die sich die technische Infrastruktur der modernen Zivilisation abstützt, sollen korrekt, zuverlässig und sicher sein. Solche Eigenschaften lassen sich aber nur durch Anwendung formaler Methoden nachweisen, wie die Logik sie entwickelt hat. Informatiker müssen deshalb mit den Grundlagen der Logik vertraut sein. Als elementare Einführung in diese Technik erläutern wir in diesem Kapitel anhand von bekannten Denkaufgaben und Paradoxien die Problematik, die zur Entwicklung der formalen Logik geführt hat, und zeigen an einem Beispiel, wie eine einfache Situation logisch modelliert wird. Im Abschnitt 4.5 wenden wir die Grundlagen der Aussagenlogik oder Boole'schen Algebra auf die Programmierung von Kara an.

4.1 Knacknüsse, Paradoxien, Fehlschlüsse

Unter allen Disziplinen der Wissenschaft ist die Logik sicher eine der abstraktesten. Folgerichtiges Denken ist die Methode, mit der wir alle Probleme untersuchen. Daher sollte man annehmen, dass diese Methode a priori vorgegeben ist. Die Methode des Denkens dafür einzusetzen, um das Denken zu untersuchen – dieser Zirkelschluss tönt verdächtig, und ist es wohl auch.

Warum befasst sich die Wissenschaft mit formaler Logik, wenn doch der überwiegende Teil der von der Wissenschaft errichteten Gedankenstruktur mit alltäglich verwendeten Denkmethoden aufgebaut wurde? Die Wissenschaft wurde dazu gezwungen, weil plausible Schlussfolgerungen gerade in der Mathematik zum Widerspruch geführt haben. Das Ziel ist, formale deduktive Systeme zu entwickeln, die beweisbar konsistent, also widerspruchsfrei sind.

Im Laufe dieser Untersuchungen entstanden viele weitere nützliche Ergebnisse, zum Beispiel Methoden der automatischen Beweisführung, womit gewisse logische Probleme algorithmisch lösbar werden. Als Illustration rufen wir einige wohlbekannte Denkaufgaben in Erinnerung; inklusive der Paradoxien, die vor einem Jahrhundert das Fundament der Mathematik erschüttert und dadurch die Entwicklung der modernen formalen Logik in die Wege geleitet haben.

Knacknüsse

Ein Wanderer kommt an eine Verzweigung. Die eine Strasse führt nach X, die andere nach Y. An der Kreuzung wohnen Zwillinge, von denen man weiss, dass einer immer lügt, der andere immer die Wahrheit sagt. Jeder der Zwillinge beantwortet jeweils nur eine einzige Frage und hüllt sich danach in vornehmes Schweigen. Der Wanderer mit Ziel X trifft auf einen der Zwillinge, ohne zu wissen, ob es der Lügner oder der wahrheitsliebende Zwilling ist. Er muss mit einer einzigen Frage den richtigen Weg nach X herausfinden.

Worin liegt die Anziehungskraft von Kreuzworträtseln, Schachproblemen und Denksportaufgaben aller Art? Das qualitative, intuitive Denken, den gesunden Menschenverstand, das lernen wir unbewusst als Begleiterscheinung des alltäglichen Lebens. Im Gegensatz dazu wird uns das quantitative, „rechnerische" Denken der Logik nicht in die Wiege gelegt – es muss geübt werden, wie die Arithmetik.

Paradoxien

Der Kreter Epimenides versichert: Alle Kreter sind Lügner. Spricht Epimenides die Wahrheit?

Der Barbier rasiert alle diejenigen, die sich nicht selbst rasieren. Rasiert er sich selbst?

Die kleinste natürliche Zahl, deren Beschreibung mindestens elf Wörter verlangt. (Hinweis: Man zähle die Anzahl der Wörter im obigen Satz).

Paradoxien sind nicht nur Denksportaufgaben. Als intellektuelle Herausforderung, widerspruchsfreie formale Systeme zu entwickeln, standen sie vor einem Jahrhundert am Anfang der Entwicklung der mathematischen Logik. Die obigen wohlbekannten Paradoxien sind nach demselben Gedankenschema aufgebaut, wobei Selbstreferenz und Negation zum Widerspruch führen. Epimenides spricht indirekt über sich selbst. Der Barbier wird als potentieller Kunde von sich selbst dargestellt. Berry's Paradoxon der kleinsten Zahl spricht von allen Sätzen (in einer Sprache mit endlichem Wortschatz), welche Zahlen definieren, und ist selbst ein solcher Satz. Und in jedem der drei Fälle wird dem Individuum eine Eigenschaft attestiert, welche der Eigenschaft der Menge, zu der das Individuum gehört, widerspricht.

Fehlschlüsse

Satz: Alle Katzen haben dieselbe Farbe.

Beweis: Durch Induktion nach der Anzahl k der Katzen in einer beliebigen Menge von Katzen. Basis der Induktion, $k = 1$. Offensichtlich haben alle Katzen in einer solchen Menge dieselbe Farbe; wir sagen die Menge sei gleichfarbig.

Induktionshypothese: Angenommen es sei für einen beliebig gewählten Wert von k richtig, dass jede Menge von k Katzen gleichfarbig ist.

Induktionsschritt: Betrachten wir nun eine beliebige Menge von $k + 1$ Katzen. Wir entfernen aus dieser Menge eine beliebige Katze. Die verbleibende Menge enthält k Katzen und ist nach Induktionshypothese gleichfarbig. Danach legen wir die Katze wieder zu den anderen hinzu und entfernen aus der Menge aller $k + 1$ Katzen eine andere. Gemäss Induktionshypothese ist auch diesmal die verbleibende Menge von k Katzen gleichfarbig. Also ist die ganze Menge gleichfarbig.

Satz: Alle natürlichen Zahlen sind interessant.

Beweis: Durch Herleitung eines Widerspruchs: Wenn es uninteressante natürliche Zahlen gäbe, dann gäbe es auch eine kleinste uninteressante Zahl. Aber die Eigenschaft „kleinste uninteressante Zahl" macht diese Zahl sicher interessant, im Widerspruch zur Annahme.

Es ist nicht immer offensichtlich, was als Beweis zu akzeptieren ist und was nicht. Im Laufe der Entwicklung der Mathematik haben sich die Anforderungen an logischer Strenge verschärft. Zum besseren Verständnis dessen, was als Beweis gilt, ist es lehrreich, als Beweis getarnte Fehlschlüsse zu betrachten.

4.2 Logisches Denken: Erfindung oder Naturgesetz?

Verschiedene Kulturkreise oder auch derselbe Kulturkreis zu verschiedenen Zeitpunkten können sehr verschiedene Vorstellungen entwickeln über gesellschaftliche Normen. Was ist schön und was ist hässlich, was ist gut und was ist böse, wie benimmt man sich, spricht man mit überschwenglichem Temperament oder wortkarg zurückhaltend? In unserer vernetzten Welt erleben wir oft, dass dasselbe Argument vor verschiedenen Ansprechpartnern verschieden vorgetragen werden muss, wenn es wirksam sein soll.

Sind die Gesetze des logischen Denkens, also das, was als richtige oder falsche Gedankenfolge eingestuft wird, ebenfalls willkürliche, subjektive Normen, die je nach Kulturkreis verschieden ausfallen können? Diese Frage ist nicht leicht zu beantworten. Der obige Beweis, dass alle natürlichen Zahlen interessant sind, insbesondere die Ansicht, dass die „kleinste uninteressante Zahl" interessant sein muss, tönt plausibel. Es ist nicht leicht, mit dem Finger auf den wunden Punkt dieses Arguments zu zeigen. Im Gegensatz dazu ist beim Beweis, dass alle Katzen dieselbe Farbe haben, der Fehler eindeutig zu lokalisieren: Der Induktionsschritt von $k = 1$ auf $k = 2$ gilt nicht.

Die Menschheit neigt aber offenbar zur Ansicht, dass ein harter Kern des logischen Denkens objektiv und kulturunabhängig überall akzeptiert wird. Es bestehen keine Zweifel an der Gültigkeit des „Modus ponens", illustriert am ehrwürdigen Beispiel:

Alle Menschen sind sterblich,
Sokrates ist ein Mensch, daher
Sokrates ist sterblich.

Die Gesetze des logischen Denkens, ähnlich wie Naturgesetze, sind vorgegeben. Wir können sie nicht erfinden, sondern müssen sie entdecken! Die Erkenntnisse der Problematik des logischen Schliessens, das heisst, die Frage, was genau dieser harte Kern des logischen Denkens sei, hat die Menschheit seit Jahrtausenden beschäftigt. Die Beiträge der Philosophen der Antike zur Suche nach gültigen Denkverfahren sind überliefert. Aristoteles entwickelte im vierten Jahrhundert v. Chr. die erste Theorie der Logik mit Begriffen wie Induktion und Deduktion (Syllogismus): „Deduktion ist Sprache (logos), die ausgeht von Aussagen, die angenommen werden, und daraus neue und verschiedene Aussagen herleitet, die zwangsläufig so sein müssen". Gottfried Wilhelm von Leibniz (1646-1716) entwickelte den „calculus ratiocinator", der sich auf zwei Grundprinzipien stützt:

Alle Gedanken sind zusammengesetzt aus einer kleinen Anzahl von einfachen Ideen. Komplexe Gedanken folgen aus den einfachen durch systematische Kombination, wie in der Arithmetik.

Falls Schlussfolgerungen „arithmetisch berechnet" werden sollen, müssen sie in einer formalen Sprache formuliert werden. Der wichtigste Beitrag zu diesem

Ziel ist Gottlob Frege's (1848-1925) Buch „Begriffsschrift, eine der arithmetischen nachgebildete Formelsprache des reinen Denkens" (1879).

Die Geschichte zeigt, dass das Bestreben nach widerspruchsfreiem Schliessen die Logik zwangsläufig von einer intuitiven Kunst in eine mathematisch formale Wissenschaft verwandeln musste. Der kleine Teil der mathematischen Logik, den wir in diesem Buch anschneiden, stammt vorwiegend von George Boole (1815-1864) und wurde publiziert unter dem Titel: „An investigation into the Laws of Thought, on which are founded the Mathematical Theories of Logic and Probabilities" (1854). Unter Bezeichnungen wie Boole'sche Algebra oder Aussagenlogik ist sie ein Eckstein der Informatik. Obschon etliche ihrer Grundideen aus dem täglichen Leben bekannt sind, gibt es doch Aspekte, die überraschend oder auch kontraintuitiv erscheinen.

4.3 Komplexe Gebilde „begreifen" am Beispiel des Schachbauern

Warum sind von Menschenhirn entwickelte Regelwerke so kompliziert wie unsere Steuererklärungsformulare und Gesetzbücher? Ob die vielen Fallunterscheidungen darin wirklich nützlich sind, kann bezweifelt werden. Es bleibt aber die Tatsache, dass die moderne Gesellschaft ihre Mitglieder in viele komplizierte Kategorien „schubladisiert", die wir im täglichen Leben nicht ignorieren können.

Erfahrungsgemäss sind diese Regelwerke oft *unvollständig* in dem Sinne, dass sie etwas offen lassen, was man eigentlich regeln wollte. Oder sogar *widersprüchlich*, indem gewisse Objekte oder Personen mehrdeutig in verschiedene Kategorien eingeordnet werden, für die unterschiedliche Behandlungen vorgesehen sind. Falls gesunder Menschenverstand mit einem Kompromiss den Widerspruch nicht schlichten kann, wird die Interpretation der Regeln zum Spielball der Juristen.

Wenn wir den Philosophen glauben, dass komplexe Gedanken aus den einfachen durch systematische Kombination folgen, analog wie in der Arithmetik, dann sollte es möglich sein, *vollständige* und *widerspruchsfreie* Regelwerke zu konstruieren, und deren gewünschte Eigenschaften mathematisch zu beweisen. Diese Forderung ist besonders angebracht, wenn die ausführende Instanz ein Computer ist, dem wir keinen gesunden Menschenverstand zutrauen.

Die Erstellung eines formalen Regelwerks beginnt mit der Modellierung der Realität, die man regeln möchte. Nachdem das formale System steht, analysiert man seine Eigenschaften und entwickelt Verfahren, um das System anzuwenden, beispielsweise um zu entscheiden, ob eine vorgegebene Aussage in diesem System wahr oder falsch ist. Wir illustrieren diese Vorgehensweise am vergleichbar einfachen Beispiel des Schachspiels, dessen Grundregeln weitherum bekannt sind. Wie zieht ein Bauer auf dem Schachbrett?

Modellierung der Realität

Zunächst erkundigen wir uns, welche Regeln allgemein akzeptiert sind. Dies ist im Allgemeinen eine schwierige, oft kontroverse Angelegenheit, aber für den Spezialfall Schach einfach, da offizielle Regeln weitgehend international anerkannt sind. Wir vereinfachen unser Beispiel, indem wir zwei Aspekte eines Bauernzugs ignorieren, welche Komplikationen einführen würden, ohne das Vorgehen der Modellierung einsichtiger zu gestalten:

1. Ein Bauer darf nur ziehen, falls er nicht gefesselt ist, das heisst, falls durch den Zug der eigene König keinem Schachgebot ausgesetzt wird.

2. „En passant" schlagen: Sofern der Gegner im unmittelbar vorhergehenden Zug einen Doppelschritt mit einem Bauer gezogen hat, darf dieser gegnerische Bauer von einem eigenen Bauern so geschlagen werden, als ob der gegnerische Bauer einen Einzelschritt gezogen hätte.

Nach diesen Vereinfachungen bleiben noch drei Arten von Bauernzügen gemäss den folgenden Regeln:

B1   Ein Schritt vorwärts, falls das Zielfeld frei ist.

B2   Ein Doppelschritt vorwärts, falls der Bauer auf seinem Ausgangsfeld steht, das Feld unmittelbar vor ihm und das Zielfeld beide frei sind.

B3   Schlagen: Einen Diagonalschritt nach vorne links oder rechts, sofern sich am Zielfeld eine gegnerische Figur oder Bauer befindet. Diese wird danach vom Brett entfernt.

B4   Falls der Bauer nach einem Zug gemäss B1 oder B3 auf der gegnerischen Grundreihe landet, verwandelt er sich in eine beliebige Figur (Dame D, Turm T, Läufer L, Springer S) derselben Farbe.

In ähnlicher Vorgehensweise wie bei einer Axiomatisierung führen wir nun primitive Prädikate und Aktionen ein, welche die Bauernzüge definieren.

Primitive Prädikate:

A   der Bauer steht auf seinem Ausgangsfeld

R7   der Bauer steht auf der vorletzten Reihe
(die 7-te Reihe für Weiss, die 2-te für Schwarz)

F1   das Feld unmittelbar vor dem Bauer ist frei

F2   das übernächste Feld vor dem Bauer ist frei

VL   eine gegnerische Figur steht vorne links vor dem Bauer

VR   eine gegnerische Figur steht vorne rechts vor dem Bauer

Primitive Aktionen:

S1   Einzelschritt

S2   Doppelschritt

SL   Diagonalschritt nach vorne links

SR   Diagonalschritt nach vorne rechts

E   gegnerische Figur oder Bauer auf dem Zielfeld entfernen

Wx   Umwandlung in $x = D, T, L, S$

Wir formulieren nun die Bauernzüge B1 bis B3 mit Hilfe der eingeführten Prädikate und Aktionen formal. Die Regel B4 über Umwandlung wird als Variante der Regeln B1 und B3 integriert. Aus den primitiven Prädikate werden komplexere konstruiert mittels logischer Operationen ¬ (Negation), ∧ (Und), ∨ (Oder). Die Folge zugehöriger Aktionen wird von links nach rechts ausgeführt, wobei die Klammern $(a|b)$ eine Auswahl andeuten:

Zug	Prädikat	Aktionen
B1	¬R7 ∧ F1	S1
B1U	R7 ∧ F1	S1, (WD | WT | WL | WS)
B2	A ∧ F1 ∧ F2	S2
B3L	¬R7 ∧ VL	SL, E
B3R	¬R7 ∧ VR	SR, E
B3LU	R7 ∧ VL	SL, E, (WD | WT | WL | WS)
B3RU	R7 ∧ VR	SR, E, (WD | WT | WL | WS)

Dieses formale Modell der Realität kann als Programm betrachtet und auch automatisch ausgeführt werden, wenn man die 6 Prädikate und 9 Aktionen implementiert. Das Programm kann auf zwei Arten eingesetzt werden: Entweder als nichtdeterministischer Zug-Generator, der unter allen legalen Zügen einen beliebig gewählten ausführt; oder als deterministischer Zug-Verifizierer, der einen vorgeschlagenen Zug als legal oder illegal erklärt.

Analyse und Anwendung des formalen Modells

Mit Hilfe des eingeführten Formalismus können andere Eigenschaften klar ausgedrückt werden, die logisch aus obigen Regeln folgen. Zum Beispiel, ob ein bestimmter Bauer einen legalen Zug hat oder nicht:

Kann ziehen: F1 ∨ VL ∨ VR
Kann nicht ziehen: ¬ (F1 ∨ VL ∨ VR) = ¬F1 ∧ ¬VL ∧ ¬VR

Relevant für die Schachprogrammierung ist ein Zug-Generator, das heisst, ein Programm, das alle legalen Züge möglichst effizient berechnet. Diese werden dann demjenigen Teil des Schachprogramms überwiesen, der die daraus entstehende Stellung evaluiert, und gemäss seiner Evaluations-Heuristik den „besten" Zug auswählt.

Für die Aufgabe, einen Zug-Generator zu programmieren, ist das Modell des endlichen Automaten wenig geeignet. Das Regelwerk des Bauernzuges enthält zu viele Ausnahmen und Spezialfälle, deren Behandlung den Zustandsraum eines endlichen Automaten stark aufblasen. Wir machen trotzdem einen kleinen Schritt hin zu einem Kara-Programm, vorwiegend um zu zeigen, welche Art von Bedingungen knapp und einfach ausgedrückt werden können und welche nicht. Kara stelle einen weissen Bauern dar, der auf seinem Ausgangsfeld in der zweiten Reihe in Richtung Norden startet. Es gibt keine weiteren weissen Figuren auf dem Brett, sondern nur einige schwarze, die durch Klee-

blätter dargestellt sind. Kara ist stets am Zug und versucht, sich bis zur achten
Reihe durchzufressen (Abbildung 4.1).

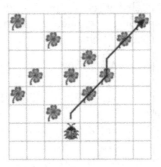

Abb. 4.1. Kara als Bauer auf dem Schachbrett, mit Kleeblättern als gegnerische
Figuren. Ein möglicher Weg ist eingezeichnet.

Betrachten wir zunächst die „normalen" Bauernzüge, das heisst, einen
Schritt vorwärts (SV), schlagen nach links (SL) oder nach rechts (SR). Im
Zustand Start bewegt sich Kara bedingungslos und nichtdeterministisch zu
den drei potentiellen Zielfelder eines Zuges, mit einem Schritt nach vorne
links, direkt vorne, oder nach vorne rechts. Ein Diagonalzug erweist sich als
legal, falls auf dem Zielfeld ein Kleeblatt liegt; ein Schritt nach vorne ist legal,
falls am Zielfeld kein Kleeblatt liegt. Wenn sich der geprüfte Zug als legal
erweist, entfernt Kara zunächst ein allfällig vorhandenes Blatt, richtet seinen
Blick wieder Richtung Norden, und startet zur Prüfung des nächsten Zuges auf
seinem Weg zur achten Reihe. Erweist sich der geprüfte Zug als illegal, wird
er zurückgenommen, und Kara startet zur Prüfung eines anderen Zuges aus
derselben Ausgangsposition. Abbildung 4.2 illustriert diesen Zug-Generator.

Die Zuglogik in Abbildung 4.2 ist nur deshalb so einfach, weil wir etliche
Vorgaben nicht berücksichtigen. Unter anderen nehmen wir an, das Schachbrett sei nach links, nach vorne und nach rechts unbeschränkt. Diese Annahme könnte dadurch korrigiert werden, dass Kara im Koordinatensystem des
Schachbretts stets darüber Buch führt, auf welchem Feld er sich gerade befindet. Dann kann er zum Beispiel wissen, dass er vom linken Brettrand nicht
versuchen soll, weiter nach links zu schielen; dass er aus der zweiten Reihe,
und nur aus dieser, einen Doppelschritt prüfen darf; und dass auf der siebten
Reihe eine Umwandlung bevorsteht. Bei dieser Lösung zeigt sich eine gravie-
rende Beschränkung der endlichen Automaten: Um Zähler einzuführen, im
Beispiel des Schachbretts die zwei Zähler Linie $= a, \ldots, h$, Reihe $= 1, \ldots, 8$,
muss das kartesische Produkt „Linie × Reihe × Ursprünglicher Zustandsraum" eingeführt werden. Falls der ursprüngliche Zustandsraum k Zustände
enthält, haben wir danach $64k$ Zustände – ein gedanklich einfaches, aber un-
praktisches Wachstum. Wir schliessen daraus, dass endliche Automaten ein

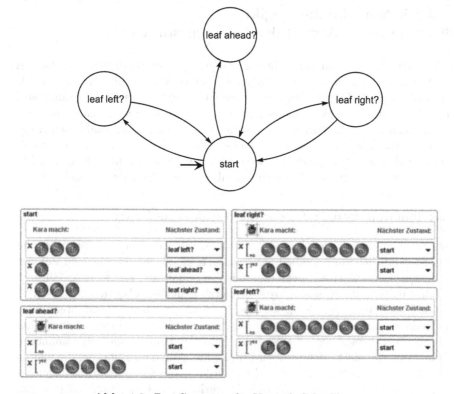

Abb. 4.2. Zug-Generator für Kara als Schachbauer

spezialisiertes Berechnungsmodell darstellen: Viele Aufgaben lassen sich damit elegant lösen, andere nicht, inklusive solche, die Arithmetik einsetzen.

Fassen wir die Überlegungen zusammen, die das Beispiel des Schachbauern illustriert. Das Ergebnis einer Modellierung ist nie zwingend, sondern lässt dem Modellierer stets eine gewisse Freiheit in der Wahl der Prädikate, der Aktionen und der Formeln, die Prädikate und Aktionen verknüpfen. Auch wenn zwei formale Modelle mathematisch äquivalent sind, wie es im Fall der Bauernzüge sein sollte, können sie sich unterscheiden in der Wahl der Prädikate, der Aktionen und dem Zusammenspiel der verschiedenen Regeln. Dies ist analog zur Möglichkeit, dieselbe mathematische Funktion ausgehend von verschiedenen Basisfunktionen mittels verschiedener Ausdrücke zu definieren. Je nach Ziel und vorhandenen Werkzeugen ist das eine oder andere Modell derselben realen Situation zweckmässiger. Die Wahl geeigneter primitiver Prädikate und Aktionen, auf denen alles übrige aufgebaut wird, ist das Fundament der zu errichtenden Struktur und daher oft der wichtigste Entscheid beim Programmieren.

4.4 Die Sprache der Logik: Kein getreues Abbild der Umgangssprache

Die Logik ist als Formalisierung der alltäglichen Denkstrukturen entstanden und ist deshalb in ihren Grundzügen auch intuitiv verständlich. Trotzdem entstehen, wenn Gedankenketten mit letzter Konsequenz zu Ende geführt werden, Ergebnisse, die nicht immer mit unserer Intuition übereinstimmen. Denn menschlicher Diskurs spricht ja nicht nur den Verstand an, sondern auch das Gemüt, und verwendet Ausdrucksweisen, die nicht notwendigerweise konsistent sind. Die unterschiedliche Bedeutung der logischen und alltagssprachlichen Aussagen sind zum Teil recht subtil, wie die folgenden Beispiele zeigen.

Tertium non datur, oder das ausgeschlossene Dritte

Im Sprachgebrauch sind die zwei Aussagen „es ist nicht ungefährlich" und „es ist gefährlich" nicht unbedingt gleichwertig – sie deuten vielmehr auf verschiedene Bereiche eines Spektrums, das von „gefahrlos" bis „lebensgefährlich" reichen mag. In die Aussagenlogik übersetzt, geht dieses kontinuierliche Spektrum jedoch verloren. Wenn wir das Prädikat „gefährlich" einführen, dann ist jede Situation entweder „gefährlich" oder „nicht gefährlich", eine dritte Möglichkeit dazwischen gibt es nicht. Falls der Präfix „un-" als semantisch äquivalent zu „nicht" definiert wird (das wäre wohl die Erklärung, die man in einem Sprachkurs für Anfänger geben würde), dann ist „es ist nicht ungefährlich" dasselbe wie „es ist nicht nicht gefährlich", und das vereinfacht sich zu „es ist gefährlich". Aber eine Helligkeitsskala, die nur aus schwarz und weiss besteht, ohne Grautöne dazwischen, genügt oft nicht. Falls eine zweiwertige Modellierung für eine bestimmte Anwendung allzu grobkörnig ist, müssen wir eine Skala mit verschiedenen Gefährlichkeitsstufen einführen, mit entsprechenden Prädikaten, zum Beispiel grün, gelb, orange, rot. Es gilt dann immer noch das tertium non datur: Zum Beispiel ist die Gefährlichkeitsstufe entweder rot oder nicht rot, das heisst grün oder gelb oder orange.

Nicht unnötig Negieren

„Es ist nicht undenkbar, dass niemand unabkömmlich ist". Warum verwenden wir überhaupt doppelte Negationen, womöglich noch verschachtelte? „Es ist nicht undenkbar" mag in seltenen Fällen rhetorisch wirksam sein, aber wenn es auf Genauigkeit einer Aussage ankommt, ist das einfachere, klarere „Es ist denkbar" vorzuziehen.

Implikation hat nichts mit Kausalität zu tun

„Falls x, dann y" oder „aus x folgt y" ist eine der am häufigsten verwendeten Satzformen, nicht nur in der Mathematik sondern auch im täglichen Leben:

„Wer mit Feuer spielt, läuft Gefahr, sich zu verbrennen". Wir wünschen uns eine voraussehbare Welt, wir möchten die Folgen unserer Handlungen zum voraus kennen. Die alltägliche Interpretation der Implikation $x \rightarrow y$ ist eine kausale: x verursacht y. Die formale Logik definiert Implikation jedoch ohne Berücksichtigung der üblichen Interpretation „Ursache $\rightarrow$ Folge": $x \rightarrow y \equiv \neg x \vee y$, in Worten: $x \rightarrow y$ ist wahr, falls x falsch ist oder y wahr ist oder beides, unabhängig davon, ob x und y irgendeinen Bezug zueinander haben. Aus einer einzigen falschen Aussage folgt alles! Die logische Definition der Implikation ist jedoch gerade beim Programmieren relevant: „Wenn einmal etwas falsch ist, dann ist nichts mehr sicher".

Zusammenfassend stellen wir fest, dass die Grundlagen der mathematischen Logik zum Handwerk jedes Informatikers und Programmierers gehören. Zunehmend setzt sich die Erkenntnis durch, dass ein Programm als mathematisches Objekt behandelt werden kann und soll. Gewisse seiner Eigenschaften können formal spezifiziert und bewiesen werden. Eine kompakte Einführung in die Grundbegriffe der Logik findet man in Kapitel 1 einer umfassenden Übersicht über das gesamte Spektrum der Informatik von Rechenberg und Pomberger [RP04]. Ähnlich wie Kara das Experimentieren mit Automaten unterstützt, gibt es Software-Anwendungen, die abstrakte Begriffe der mathematischen Logik greifbar machen, zum Beispiel Tarski's World und Hyperproof. Mehr Informationen dazu finden sich in Kapitel 10, Abschnitt 4.

4.5 Boole'sche Algebra und Programmierung

Nach der kurzen Übersicht über die Logik im Allgemeinen zeigen wir nun, wie ein elementarer Teil davon, die Aussagenlogik oder Boole'sche Algebra, bei jeder Art der Programmierung mitspielt. Die Aussagenlogik ist das Werkzeug, mit dessen Hilfe streng festgelegt wird, unter welchen Bedingungen was ausgeführt werden soll. Endliche Automaten, mit Zustandsübergängen der Form „Bedingung / Aktion", trennen und verknüpfen die zwei zugehörigen Komponenten, Prädikate und Operationen, besonders klar.

Obschon uns die Aussagenlogik aus dem Alltag intuitiv bekannt ist, ist es doch nützlich, ihre mathematischen Begriffe und Methoden explizit zu kennen. Deren Anwendung erspart Zeit und schützt vor Fehlern. Wir zeigen anhand von Beispielen, wie die Boole'sche Algebra die Formulierung von logischen Bedingungen vereinfacht, die bei der Programmierung auftreten.

Kara als Pfadfinder

Kara soll einen Weg in einem eingeschränkten Labyrinth finden. Kara's Welt ist ein Torus, aber in Abbildung 4.3 sind der linke und rechte Rand durch Bäume abgegrenzt. Dadurch wird die Bewegungsfreiheit von Kara auf eine zylindrische Oberfläche beschränkt. Auf diesem Zylinder soll Kara nun endlos herumlaufen, zum Beispiel von unten nach oben, Richtung Norden. Die

Welt enthält viele Hindernisse, denen Kara nach links oder rechts ausweichen darf. Kara darf aber keine Rückwärtschritte nach Süden machen. Wir nennen einen Weg rund um den Zylinder herum, bei dem nur Schritte nach Norden, Osten und Westen erlaubt sind, einen monotonen Kreis. Es stellt sich die Frage, unter welchen Bedingungen Kara seine endlose monotone Zylinderwanderung durchführen kann, wenn er mit Blick nach Norden startet. Als Sackgasse bezeichnen wir eine horizontale Reihe von aneinander angrenzenden freien Feldern, die im Norden, Osten und Westen durch Hindernisse begrenzt ist. Es gilt die folgende Aussage: Jedes freie Feld liegt auf einem monotonen Kreis genau dann, falls die Welt keine Sackgassen enthält.

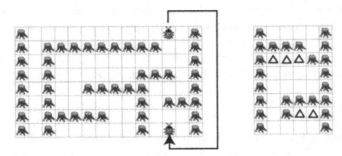

Abb. 4.3. Links: Eine zylindrische Welt mit Hindernissen, aber ohne Sackgassen. Rechts: Beispiel zweier Sackgassen.

Um die Zylinderwelt effizient zu erforschen, verwendet Kara seine drei Sensoren Baum links, Baum vorne, Baum rechts. Er führt Buch über die Himmelsrichtung, in die er gerade blickt. Diese Information speichert er mit Hilfe der drei Zuständen North, West und East. Kara startet im Zustand North und läuft nach Norden, solange er an keinem Hindernis anstösst. Abbildung 4.4 zeigt das Programm.

Der Übergang vom Zustand North nach West heisst in Worten ausgedrückt: Falls vorne ein Baum den Weg versperrt, aber links kein Baum ist, dann dreht Kara nach Westen und läuft mit einem Schritt zum freien Nachbarfeld. Dort angekommen, im Zustand West Richtung Westen schauend, würde er gerne mit dem dritten Übergang gleich wieder einen Schritt Richtung Norden tun. Falls dies aber an einem Baum rechts scheitert, dann versucht er, weiter nach Westen auszuweichen, in der Hoffnung, dort einen freien Weg Richtung Norden zu entdecken. Falls auch dies scheitert, dann dreht er Richtung Osten um und versucht sein Glück im Zustand East. Sollte die Welt eine Sackgasse enthalten, dann kann es vorkommen, dass Kara endlos zwischen den Zuständen West und East hin und her pendelt.

Es fällt auf, dass unsere Anweisungen an Kara im obigen Programm nicht eindeutig sind. Was soll Kara machen, wenn er im Zustand North sowohl nach Westen als auch nach Osten ausweichen kann? Es wäre leicht, die Eindeu-

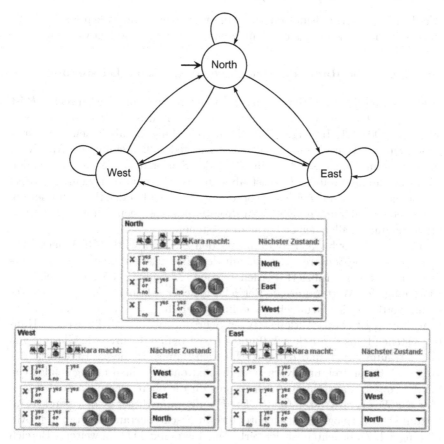

Abb. 4.4. Zustandsdiagramm für Karas monotonen Kreislauf

tigkeit der Anweisungen durch willkürliche Prioritäten zu erzwingen: Immer zuerst den Weg im Osten suchen, und nur, wenn dies scheitert, nach Westen ausweichen.

Ein deterministischer Algorithmus bestimmt jeden Schritt stets eindeutig; nichtdeterministische Algorithmen erlauben zu gewissen Zeitpunkten verschiedene Schritte, die zu unterschiedlichen Zwischenergebnissen führen können. Obschon es oft gute Gründe gibt, sich auf deterministische Algorithmen zu beschränken, ist es uns selten bewusst, wie oft sich Nichtdeterminismus doch unauffällig in vielen Abläufen versteckt. Die Berechnung des Ausdrucks $x + y + z$, kann z. B. als $(x + y) + z$ oder als $x + (y + z)$ geschehen, was wegen Rundungsfehlern oder Overflow nicht immer dasselbe Resultat erzeugt.

In vielen Fällen ist Nichtdeterminismus elegant und nützlich. Im obigen Beispiel empfinden wir es als unschön, die in der Aufgabenstellung vorhandene natürliche Symmetrie zwischen Ost und West zu zerstören. Zusätzlich erlaubt Nichtdeterminismus oft eine Vereinfachung der logischen Formeln, die ein Problem und seine Lösung definieren, wie wir gleich sehen werden.

Der Boole'sche Raum der Sensorwerte und seine Darstellung

Jeder der drei Sensoren Baum links L, Baum vorne V und Baum rechts R ist zweiwertig. Der Werteraum aller Sensoren besteht also aus den 8 Tripeln 000, 001, 010, 100, 011, 101, 110, 111, die in Abbildung 4.5 als Ecken eines dreidimensionalen Würfels dargestellt sind. Die gedanklich einfachste Art, Kara zu programmieren, besteht darin, für jedes Sensortupel die entsprechenden Aktionen aufzuschreiben. Dies ist aber im Allgemeinen ineffizient. Da diese Problematik nicht nur bei Kara vorkommt, sondern bei der Programmierung für beliebige Aufgaben in beliebigen Programmiersprachen, lohnt es sich, diese Fragestellung in allgemeiner Form zu verstehen.

Betrachten wir Karas Programm für den Zustand North, „Blick nach Norden", in dem die Sensoren L, V, R mit den Himmelsrichtungen Westen, Norden und Osten identifiziert werden können. Abbildung 4.5 rechts zeigt die Einteilung des Werteraums in Bereiche gleicher Aktionen für den Startzustand North. In der Grundebene, definiert durch $V = 0$ (vorne, im Norden, kein Baum), ist Karas Aktion stets ein Schritt vorwärts. Die linke obere Kante, bestehend aus den Ecken 110 und 010, ist definiert durch die Gleichungen $V = 1$ (Baum vorne) und $R = 0$ (rechts kein Baum). In diesem Bereich ist der Weg nach Osten frei, und Kara kann die Aktionen Rechtsdrehung gefolgt von Schritt vorwärts ausführen. Analoges gilt für die obere rechte Kante, bei welcher der Weg nach Westen frei ist. Die Überlappung dieser beiden Bereiche im Eckpunkt 010 ermöglicht das nichtdeterministische Zustandsdiagramm in Abbildung 4.4. Zu beachten ist der verbotene Eckpunkt 111, ein weiterer Bereich gleicher Aktion, für den wir nichts spezifiziert haben, unter der Voraussetzung, dass er in Karas Welt nie auftritt.

Ähnliche „Würfelgeometrie"-Darstellungen beschreiben auch die anderen Zustände in Abbildung 4.4. Ganz allgemein kann jede Boole'sche Funktion von beliebig vielen wahrheitswertigen Variablen auf diese Weise illustriert werden. Sogar vier- und fünfdimensionale Würfel können graphisch recht übersichtlich gezeichnet werden. Dies genügt für viele Beispiele, deren Boole'sche Variablen in voneinander unabhängige Gruppen zerlegt werden können.

Um Würfel von höherer Dimension zu verstehen ist es nützlich zu beachten, dass ein dreidimensionaler Würfel aus Teilwürfeln niedriger Dimension aufgebaut ist: Jede quadratische Seite ist ein zweidimensionaler Würfel, jede Kante ein eindimensionaler Würfel, jede Ecke ein nulldimensionaler Würfel. Analog ist ein vierdimensionaler Würfel aus null-, ein-, zwei-, und dreidimensionalen Würfeln aufgebaut.

Graphische Darstellungen von Boole'schen Funktionen eignen sich, um kleine Beispiele zu berechnen. Für realistische Anwendungen und für die automatische Verarbeitung verwendet man hingegen Boole'sche Ausdrücke. Betrachten wir beispielsweise die Boole'sche Funktion $f(L, V, R)$, die den Wert 1

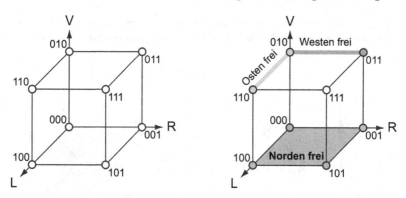

Abb. 4.5. Werteraum der 3 Sensoren L, V, R und dessen Einteilung in Bereiche gleicher Aktionen für den Startzustand North.

annimmt an den 7 Eckpunkten, die in Abbildung 4.6 schwarz bemalt sind; und den Wert 0 nur an der einen weiss bemalten Ecke, der „verbotenen" Ecke 111. Jede Boole'sche Funktion kann durch beliebig viele Formeln definiert werden, und diese besondere Funktion wohl am einfachsten so:

$$f(L, V, R) = \neg(L \wedge V \wedge R)$$

mit der Interpretation „überall $= 1$, ausser wenn $L = 1$, $V = 1$ und $R = 1$".

Es geht jedoch bei Anwendungen der Boole'schen Algebra, von der Kara-Programmierung bis zur Schaltlogik, nicht darum, für jede einzelne Funktion eine besonders kurze oder elegante Formel zu finden. Vielmehr braucht es eine systematische, intuitiv leicht verständliche Methode, um Boole'sche Formeln für beliebige vorgegebene Funktionen zu entwickeln. Eine solche Methode nennt sich *disjunktive Normalform (DNF)*. Man fängt damit an, alle Eckpunkte aufzuzählen, bei denen die Funktion den Wert 1 hat. Diese „1-Ecken" werden in Bereiche zusammengefasst, die im Bildnis des Würfels den Kanten und Seiten entsprechen. In allgemeiner Terminologie sind es Ecken, die einem Teilwürfel niedrigerer Dimension entsprechen. Je grösser (höher-dimensional) ein Teilwürfel mit lauter „1-Ecken" identifiziert wird, desto kürzer wird die hergeleitete Formel. Abbildung 4.6 rechts zeigt, wie die sieben schwarzen „1-Ecken" durch drei Seiten des Würfels überdeckt werden, was zu folgender DNF-Formel führt: $f(L, V, R) = \neg L \vee \neg V \vee \neg R$.

Ein Vergleich mit Abbildung 4.5 zeigt, wie Teilwürfel möglichst hoher Dimension die resultierende DNF-Formel kürzen. In Abbildung 4.5 mussten die sieben „1-Ecken" in drei Bereiche unterteilt werden, von denen zwei glücklicherweise in einem Eckpunkt überlappen dürfen. Dies führte zu einer Überdeckung der sieben Ecken durch drei Teilwürfel: eine Seite und zwei Kanten. Falls wir dieselbe Überdeckung auch für die Funktion aus Abbildung 4.6 verwenden, erhalten wir die DNF-Formel $f(L, V, R) = \neg V \vee (V \wedge \neg R) \vee (V \wedge$

$\neg L$). Dies ist offensichtlich komplizierter und weniger elegant als die Überdeckung durch drei Seiten (Abbildung 4.6 rechts), die zur äquivalenten Formel $f(L, V, R) = \neg L \lor \neg V \lor \neg R$ führt.

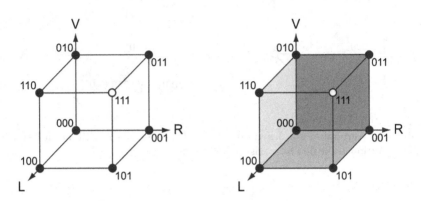

Abb. 4.6. Darstellung der Funktion $f(L, V, R) = \neg(L \land V \land R) = \neg L \lor \neg V \lor \neg R$

Am Beispiel des Zustandsdiagramms aus Abbildung 4.4 und der Würfeldarstellungen der Sensorwerte als Boole'sche Formeln erkennen wir nun ein allgemeines Vorgehen, das wir als Regel für die Programmierung von Kara wie folgt formulieren:

1. Schreibe für jeden Zustand q zuerst alle Sensoren auf, die für die Übergänge aus q heraus benötigt werden, und zeichne den zugehörigen Wertewürfel.
2. Identifiziere die Bereiche gleicher Aktionen, und beachte dabei:
3. Wo immer zulässig, soll jeder Bereich gleicher Aktionen so gross wie möglich definiert werden.
4. Falls zwei Bereiche gleicher Aktionen kompatibel sind, dürfen sie überlappen, was zu Nichtdeterminismus führen kann.
5. Jeder einzelne Bereich wird nun durch Teilwürfel möglichst hoher Dimension überdeckt – je grösser die Teilwürfel, um so kürzer die resultierende Formel.
6. Jeder eingeführte Teilwürfel gibt Anlass zu einem Übergang in Karas Zustandsraum, also zu einer Kara-Programmzeile.

Kara als Pfadfinder im 4-dimensionalen Sensorraum

Um die beschriebene Methodik der „Boole'schen Würfelgeometrie" nochmals zu illustrieren, erweitern wir das Beispiel mit Kara als Pfadfinder um den weiteren Sensor K, „Kara auf Kleeblatt". Kara hat nun die Aufgabe, in einer Zylinderwelt ohne Sackgassen nicht nur einen monotonen Kreis zu finden, sondern diesen auch mittels Kleeblätter zu markieren. Dabei sollen die Umwege, die Kara bei der Suche nach dem Kreislauf begangen hat, nicht markiert werden. Abbildung 4.7 links zeigt eine mögliche Wanderung, wenn Kara gemäss dem Programm aus Abbildung 4.4 einen Kreislauf sucht. Man beachte, dass jede endlose Wanderung in einer endlichen Welt früher oder später ein bereits besuchtes Feld betreten muss. Falls dieses Feld markiert ist, kann Kara daraus schliessen, dass ein voller Kreislauf markiert wurde und seine Wanderung beenden.

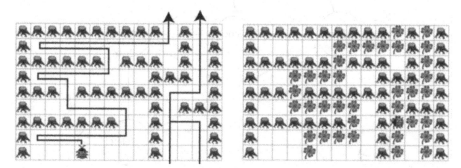

Abb. 4.7. Kara's Suche nach einem Kreislauf enthält horizontale Umwege, die in der Kleeblattspur rechts nicht mehr markiert sind.

Abbildung 4.7 rechts zeigt einen von Umwegen bereinigten Pfad, der mit Kleeblättern markiert ist. Die Grundidee der Lösung ist einfach. Wenn Kara auf einer horizontalen (Ost-West oder West-Ost) Strecke seinen Kopf an einem Baum anschlägt und umkehren muss, dann erinnert er sich daran: Ich befinde mich auf einem Umweg und muss irreführende Kleeblätter löschen. Diese Erinnerung hat natürlich eine Expansion des Zustandsraums zur Folge. Zusätzlich muss man auch überlegen, wie Kara feststellen kann, wann er wieder auf die gültige Spur zurückgelangt ist.

Abbildung 4.8 zeigt eine Lösung dieses Problems. Die Zustände N Mark, E Mark und W Mark entsprechen den Zuständen North, East und West aus Abbildung 4.4, mit dem Zusatz, dass Kara seinen Weg mit Kleeblättern markiert. Wenn er im Zustand E Mark oder W Mark an einen Baum stösst, dann dreht er wie vormals um, geht aber in einen der Zustände W Delete oder E Delete, um irreführende Kleeblätter zu löschen. Ein weiterer Unterschied zum Programm aus Abbildung 4.4 ist folgender: Wenn Kara in einem der markierenden Zustände auf ein Kleeblatt trifft, dann hat er seine Aufgabe vollendet und hält an.

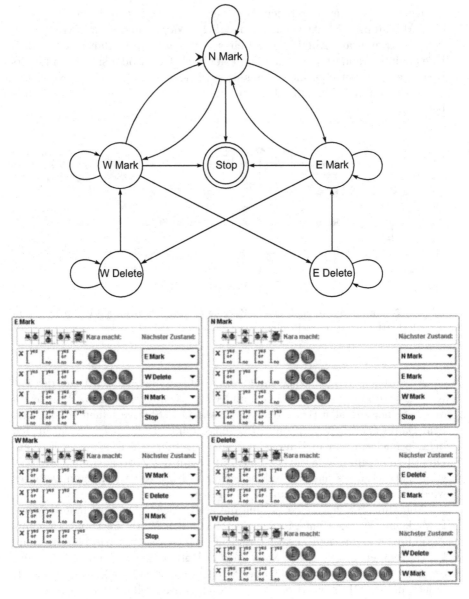

Abb. 4.8. Zustandsdiagramm für Kara's Suche eines umwegfreien Kreislaufs

Abbildung 4.9 zeigt den vierdimensionalen Würfel der Sensorwerte L, V, R, K als zwei dreidimensionale Würfel mit je den Dimensionen L, V, R. Die 4-te Dimension ist links für $K = 0$ und rechts für $K = 1$ abgebildet. Wir können nun für jeden Zustand aus Abbildung 4.8 die Bereiche gleicher Aktionen einzeichnen. Für den Startzustand N Mark ist dies besonders einfach: Der gesamte dreidimensionale Teilwürfel, der durch die Formel $K = 1$ definiert ist, ergibt einen einzigen Bereich, während wir im Zwillings-Teilwürfel $K = 0$ die vorherige Lösung aus Abbildung 4.5 übernehmen.

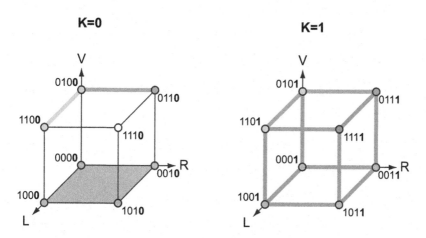

Abb. 4.9. Der 4-dimensionale Raum der Sensorwerte L, V, R und K, eingeteilt in Bereiche gleicher Aktionen für den Startzustand N Mark.

Die Aussagenlogik oder Boole'sche Algebra gehört zum Kern jeder Einführung in die Informatik und zum Handwerk jedes Programmierers. Das Berechnungsmodell der endlichen Automaten, mit Zustandsübergängen der Form „Bedingung / Aktion", eignet sich besonders gut, um die effiziente Formulierung von Prädikaten zu illustrieren. Die Programmierung von Kara ermöglicht einen natürlichen Einstieg und Brückenschlag zu den Grundzügen der Aussagenlogik.

5

Der Begriff Berechnungsmodell

Die Lernumgebung Kara bietet nicht nur einen Einstieg in die Grundlagen von Algorithmen und Programmen, sondern auch eine intuitive Einführung des zentralen Begriffs „Berechnungsmodell". Welche Aufgaben kann Kara lösen, welche nicht? Kann Kara mehr Aufgaben lösen, wenn er Kleeblätter als Markierungen legen kann? In diesem Kapitel beschäftigen wir uns deshalb mit Berechnungsmodellen und der Frage, wie Kara in der Hierarchie dieser Modelle einzuordnen ist.

Jede Aussage über die Möglichkeit oder Unmöglichkeit einer Berechnung oder deren Komplexität bezieht sich immer auf ein streng mathematisch definiertes Modell, welches die Daten und erlaubten Operationen festlegt. Aussagen über Berechnungen treffen auf einige Modelle zu, und sind falsch in anderen. Strenge Definitionen sind Voraussetzung für Unmöglichkeitsbeweise der Art „es gibt keinen Algorithmus ...". Zu unterscheiden sind dabei Modelle für spezielle Zwecke und universelle Berechnungsmodelle, die beliebige andere Modelle simulieren können.

Algorithmus und Berechenbarkeit sind ursprünglich intuitive Begriffe. Eine intuitive, informelle Vorstellung genügt meistens, um zu zeigen, dass ein gewünschtes Resultat gemäss einem vorliegenden Algorithmus berechnet wird. Anders ist der Sachverhalt, wenn wir zeigen wollen, dass ein gewünschtes Resultat nicht berechenbar ist. Sofort drängt sich die Frage auf, welche Mittel wir benützen dürfen. Denn alles wäre berechenbar mit Hilfe eines Orakels, das Antworten auf alle denkbaren Fragen kennt. Das Ziel, die Nichtexistenz von Algorithmen mit einem gegebenen Verhalten zu beweisen, zwingt uns, eine strenge Definition des Begriffs Algorithmus zu erfinden.

Die Frage „Was ist algorithmisch berechenbar, und was nicht?" wurde um 1930 durch die Logiker Emil Post (1897–1954), Alan Turing (1912–1954), und Alonzo Church (1903–1995) studiert. Sie definierten verschiedene formale Berechnungsmodelle, um den intuitiven Begriff „Rechnen durch Anwendung vorgeschriebener Regeln" scharf zu fassen: Systeme von Produktionen, Turing Maschinen, rekursive Funktionen, Lambda Kalkül. Alle diese Berechnungsmodelle erwiesen sich als äquivalent. Diese Tatsache stärkt unser Vertrauen in die sogenannte These von Church, dass der intuitive Begriff Algorithmus korrekt formalisiert wurde.

5.1 Geometrische Konstruktionen mit Zirkel und Lineal

Die Berechnungsmodelle, die von den erwähnten Logikern in den 30er Jahren eingeführt wurden, sind universell in dem Sinn, dass man damit alles berechnen kann, was man mit einem beliebigen anderen Modell berechnen kann. Jedes dieser Modelle kann jedes andere simulieren.

Bereits viel früher hat die Mathematik beschränkte, „special-purpose" Berechnungsmodelle studiert. Mit diesen lassen sich nur ganz bestimmte Berechnungen durchführen. Daher eignen sie sich besonders im Unterricht für den Einstieg ins Thema Berechnungsmodelle. Wir betrachten als Beispiel die schon von den alten Griechen gestellte Frage, welche geometrischen Konstruktionen sich mit Zirkel und Lineal durchführen lassen. Eine der klassischen Fragestellungen ist die Dreiteilung eines beliebigen Winkels. Solche Fragestellungen sind allgemein verständlich und allfällige Lösungen lassen sich gut anhand geometrischer Konstruktionen visualisieren.

Um korrekte Aussagen machen zu können, muss das zugrunde liegende Konstruktionsmodell präzise definiert werden. Wir zeigen, dass schon kleinste Änderungen im Modell zu völlig anderen Aussagen führen können. Zuerst betrachten wir das klassische Modell der euklidischen Geometrie. Mit Zirkel und Lineal konstruieren wir geometrische Gebilde, dargestellt als Zeichnungen auf einem Blatt Papier. Ausgehend von gegebenen Strecken und Winkeln können wir neue Strecken und Winkel konstruieren durch Halbierung, Addition und Subtraktion. Basierend auf den Strahlensätzen ist die Multiplikation und Division von Strecken möglich, und aufgrund des Höhensatzes kann aus einer Strecke die Quadratwurzel gezogen werden (Abbildung 5.1). Zudem kann auf die Schnittpunkte von beliebigen Strecken und Kreisen zugegriffen werden.

Erst im 19. Jahrhundert konnte bewiesen werden, dass in diesem Modell, also allein mit Zirkel und Lineal, die Dreiteilung eines beliebigen Winkels nicht möglich ist. Allgemein gilt der mathematische Satz, dass eine geometrische Konstruktion genau dann mit Zirkel und Lineal konstruierbar ist, wenn die Zahlen, welche analytisch die gewünschten geometrischen Elemente definieren, aus den gegebenen Zahlen durch eine endliche Anzahl von rationalen Operationen und das Ziehen von Quadratwurzeln berechnet werden können. Damit kann gezeigt werden, dass zum Beispiel ein reguläres Polygon mit 17 Seiten konstruiert werden kann. Hingegen ist die Dreiteilung eines beliebigen Winkels oder die berühmte Quadratur des Kreises unmöglich. Die Kernidee dieser Beweise ist die Reduktion geometrischer Konstruktionen auf algebraische Berechnungen.

Wenden wir uns nun einem Konstruktionsmodell zu, dass sich nur leicht vom Modell der Konstruktionen mit Zirkel und Lineal unterscheidet. Archimedes beschrieb schon vor über 2000 Jahren ein Verfahren zur Dreiteilung eines beliebigen Winkels $\angle AOB$ mit Zirkel und Lineal, vorausgesetzt der Lineal BC enthalte zwei Marken C und D mit Abstand 1. Der gegebene Winkel $\angle AOB$ soll mit Scheitel im Mittelpunkt in einem Einheitskreis gegeben sein (Abbildung 5.2). Der Lineal soll stets den Punkt B berühren, während sein

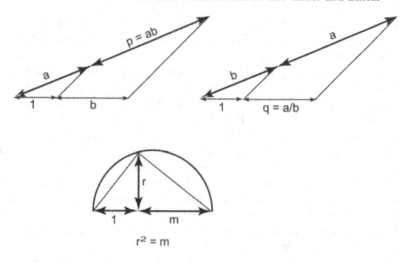

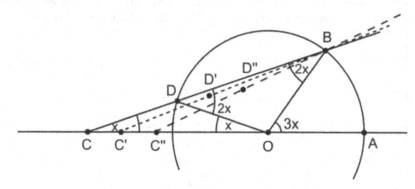

Abb. 5.1. Multiplikation, Division und Wurzel mit Zirkel und Lineal

Ende C sich entlang der Gerade OA bewegt, bis die Marke D genau auf den Einheitskreis zu liegen kommt. In dieser Lage ist der Winkel $\angle ACB$ genau $1/3$ des gegebenen Winkels $\angle AOB$.

Abb. 5.2. Winkeldreiteilung nach Archimedes

Archimedes erweiterte die Funktionalität der Werkzeuge Zirkel und Lineal auf scheinbar bescheidene Art. Erstens ist auf dem Lineal ein Einheitsintervall markiert; zweitens dürfen wir den Lineal so verschieben, dass eine Marke mit einer Linie zur Deckung gebracht wird. Besonders diese Schiebe-Operation ist im Standardmodell mit Zirkel und Lineal nicht erlaubt. Das Beispiel zeigt, dass kleine Änderungen im Berechnungsmodell drastische Auswirkungen haben können. Es kommt auf die Details der Definition des Erlaubten an!

Im vorangehenden Beispiel haben scheinbar bescheidene Erweiterungen der Funktionalität der Werkzeuge dazu geführt, dass ein im ursprünglichen Berechnungsmodell unlösbares Problem auf einfache Art lösbar wird. Betrachten wir noch den umgekehrten Fall und schränken wir das Berechnungsmodell „Zirkel und Lineal" ein, indem wir den Lineal weglassen. Auf den ersten Blick scheint die Menge der allein mit dem Zirkel möglichen Konstruktionen drastisch kleiner zu sein. Betrachtet man aber eine Gerade als konstruiert, wenn zwei Punkte der Geraden gegeben sind, so stellt man überraschenderweise fest, dass jede mit Zirkel und Lineal mögliche Konstruktion auch mit dem Zirkel allein möglich ist. Dieses Resultat geht auf Georg Mohr (1640–1697) zurück, wird aber häufiger Lorenzo Mascheroni (1750–1800) zugewiesen.

Zum Beweis dieses Sachverhaltes genügt es, die drei Grundkonstruktionen Schnitt zweier Kreise, Schnitt eines Kreises mit einer Geraden und Schnitt zweier Geraden allein mit dem Zirkel durchzuführen. Als Beispiel sei der Schnitt eines Kreises K mit einer durch zwei Punkte P_1 und P_2 bestimmten Geraden angeführt, die nicht durch das Zentrum des Kreises geht. Die Idee ist einfach: Mit dem Zirkel lässt sich der Mittelpunkt des gegebenen Kreises, und somit der Kreis, an der Geraden spiegeln. Die Schnittpunkte des gegebenen und des gespiegelten Kreises bestimmen dann die Schnittpunkte der Gerade mit dem Kreis.

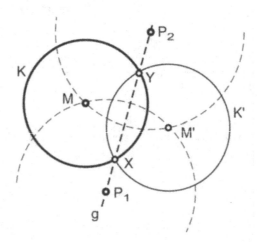

Abb. 5.3. Schnitt Kreis/Gerade nach Mohr-Mascheroni

Einen elementaren Beweis des Satzes von Mohr-Mascheroni findet man beispielsweise in [Hun94]. Natürlich sind jetzt noch weitere Variationen des Modells „Konstruktionen mit Zirkel und Lineal" möglich. So konnte Grossmann um 1900 zeigen, dass ausgehend von drei linear unabhängigen Kreisen alle geometrischen Konstruktionen mit Zirkel und Lineal auch nur mit dem Lineal allein möglich sind.

Diese Beispiele zeigen, dass Zirkel allein und auch Lineal allein erstaunlich mächtige Werkzeuge sind. Sie illustrieren eine Beobachtung, die in der Theorie der Berechnung immer wieder auftritt: Mit wenigen erlaubten Operationen können komplexe Verfahren implementiert werden. Das ist eines der Grundprinzipien beim Programmieren.

5.2 Welche Aufgaben kann Kara in seiner Welt lösen?

Die Programmierumgebung Kara eignet sich, um Fragen rund um Berechenbarkeit zu thematisieren. Welche Aufgaben kann Kara überhaupt lösen? Das führt zu der für die Informatik wichtigen Frage der Mächtigkeit verschiedener Berechnungsmodelle. Was kann mit welchen Rechenhilfen berechnet werden, und was nicht? Anhand des endlichen Automaten Kara illustrieren wir verschiedene Berechnungsmodelle und zeigen, wie wichtig es auch hier ist, die erlaubten Operationen präzise zu definieren. Der Einfachheit halber betrachten wir eine idealisierte Version von Kara und nehmen an, die Welt sei unbeschränkt gross. Zudem gehen wir davon aus, dass sie keine Pilze enthält.

„Read Only"-Welt – der eigentliche endliche Automat

Als einfachsten Fall nehmen wir an, Kara dürfe die Welt nicht verändern, also keine Kleeblätter legen oder aufnehmen. Der Speicher in Form von Kleeblättern als Markierungen in der Welt wird also von Kara nicht benutzt. In diesem Fall sind seine Programme echte endliche Automaten.

Liegt in der Welt kein einziges Kleeblatt, kann Kara nur in der Welt herumwandern. Welche Art von Wanderungen kann Kara in der leeren Welt machen? Kara kommt schnell entweder zum Stillstand, oder er verfällt in ein periodisches Muster, das er endlos wiederholt (Abbildung 5.4 links). Einen rechteckig-spiralförmigen Weg (Abbildung 5.4 rechts) hingegen kann Kara in einer leeren Welt nicht ablaufen. Kara kann zwar seine Zustände als Speicher verwenden und sich so die aktuelle Seitenlänge der Spirale merken. Um die verschiedenen Seitenlängen der Spirale in einer Welt von unbeschränkter Grösse auseinander halten zu können, müsste Kara aber über unbeschränkt viele Zustände verfügen.

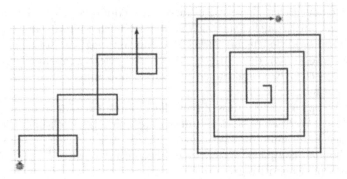

Abb. 5.4. Periodische Wanderung (links) und unmögliche Wanderung (rechts)

Mustererkennung in nicht leeren Welten

Als nächstes betrachten wir den Fall, dass die Welt nicht leer ist, sondern Kleeblätter und Bäume enthält. Der Speicher der Welt wird bei diesen Aufgaben nur lesend, read-only, benutzt. Als Beispiel soll Kara prüfen, ob das vorgegeben Muster „Feld ohne Kleeblatt, Feld mit Kleeblatt, Feld ohne Kleeblatt" auf den Feldern bis zum nächsten Baum vorkommt.

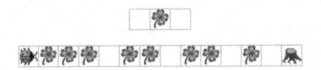

Abb. 5.5. Ein einfaches Muster und die abzusuchende Welt

Das Programm in Abbildung 5.6 erkennt, ob das Muster bis zum nächsten Baum vorkommt oder nicht. Die Antwort auf diese Frage gibt Kara durch die Richtung, in die er sich vor dem Ende der Programmausführung dreht: nach links bedeutet, das Muster kommt vor, nach rechts, es kommt nicht vor. Kara startet im Zustand start. Ist das Feld unter ihm leer, macht er einen Schritt vorwärts und wechselt in den Zustand 0. Liegt auf dem Feld unter ihm ein Kleeblatt, so macht er wiederum einen Schritt vorwärts und wechselt in den Zustand 01. Jetzt hat er zwei Drittel des Musters erkannt. Sieht er nun ein leeres Feld, so hat er das Muster vollständig erkannt. Bei einem Kleeblatt wechselt Kara wieder in den Zustand start zurück und beginnt von vorn.

Aufgaben zur Mustersuche führen zur Theorie der regulären Sprachen. Eine reguläre Sprache ist eine Menge von Zeichenketten, die nach recht einfachen Gesetzmässigkeiten aufgebaut sind. Die Frage ist, ob man Kara so programmieren kann, dass er genau die Zeichnungen akzeptiert, die Element einer

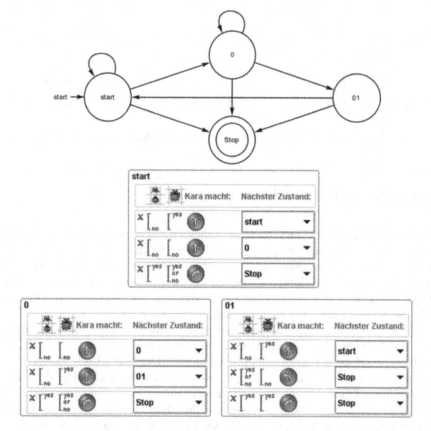

Abb. 5.6. Programm für die Mustererkennung

gegebenen Sprache sind, und alle anderen verwirft. Dabei darf Kara die Welt nicht verändern: Was er sich merken möchte, muss er in seinem eigenen Zustandsraum speichern. Abbildung 5.7 zeigt links eine reguläre Kleeblattsprache. Kara kann erkennen, ob eine gegebene Kleeblattfolge aus einer beliebigen Anzahl „Feld ohne Kleeblatt, Feld mit Kleeblatt" besteht. Ein einfaches Programm mit zwei Zuständen kann diese Entscheidung treffen. Das Programm funktioniert analog zum Beispiel in Abbildung 5.6.

Hingegen kann Kara nicht entscheiden, ob er zuerst eine beliebige Anzahl von Feldern ohne Kleeblätter und danach die gleiche Anzahl von Feldern mit Kleeblättern sieht (Abbildung 5.7 rechts). Dazu müsste er sich mit Hilfe von verschiedenen Zuständen merken, wie viele Felder ohne Kleeblatt er schon gesehen hat. Das geht nur, wenn die maximale Länge des Musters vorher bekannt ist und ein Automat für diese maximale Länge erstellt wird. In einer unbeschränkten Welt würden unendliche viele Zustände benötigt.

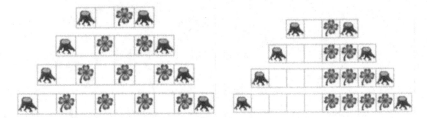

Abb. 5.7. Reguläre und nicht reguläre Kleeblattsprache

„Read-Write"-Welt − Turing-Maschinen

Nehmen wir an, Kara dürfe in einer unbeschränkt grossen Welt an beliebigen Orten Kleeblätter hinlegen und entfernen. Dann dient ihm die Welt als unbeschränkt grosser „read-write" Speicher. Mit dieser Annahme wird Kara zum mächtigsten Berechnungsmodell in der Hierarchie der Automaten − zur Turing Maschine, die unter geeigneter Kodierung der Eingabe und Ausgabe alles berechnen kann, was algorithmisch berechenbar ist.

Jetzt kann Kara auch nicht reguläre Kleeblattsprachen wie etwa die Sprache aus Abbildung 5.7 (rechts) erkennen. Abbildung 5.8 zeigt, wie sich die Welt während des Programmablaufs verändert. Der Einfachheit halber nehmen wir an, der Käfer stehe zu Beginn bereits vor dem ersten Kleeblatt. Die Position des Startfelds markiert der Käfer, indem er in der Zeile oberhalb ein Kleeblatt ablegt. Dann verschiebt er alle Kleeblätter von rechts soweit wie möglich nach links. Zum Schluss wechselt er in die obere Zeile. Steht er nun auf dem zu Beginn abgelegten Kleeblatt, dann ist die untere Zeile nach dem vorgegebenen Muster „n Felder ohne Kleeblatt, n Felder mit Kleeblatt" aufgebaut.

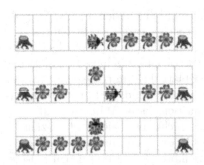

Abb. 5.8. Mustererkennung für „n Felder ohne, n Felder mit Kleeblatt"

Dieses Beispiel zur Erkennung nicht regulärer Sprachen zeigt die Mächtigkeit des Berechnungsmodell von Kara auf. Sobald Kara Kleeblätter legen und aufnehmen kann und seine Welt unbeschränkt gross ist, ist er so mächtig wie ein Turingmaschine. Es liegt deshalb auf der Hand, die Lernumgebung Kara auch zur Illustration und Animation von Turing-Maschinen einzusetzen. Damit wird die Programmierumgebung Kara auch für Überlegungen im Bereich der Theoretischen Informatik nutzbar.

TuringKara –
Zweidimensionale Turing-Maschinen

Die theoretische Informatik ist ein wichtiger Teil jeder Informatikausbildung. Universelle Berechnungsmodelle spielen dabei eine zentrale Rolle. Sie entstanden aus der Frage „Was ist algorithmisch berechenbar und was nicht?". Für Anfänger ist es oftmals überraschend, dass universelle Berechnungsmodelle mit sehr einfachen Grundoperationen auskommen, solange sie zwei Eigenschaften besitzen: unbeschränkte Zeit und unbeschränkter Speicher. Eine tiefer gehende und anschaulich geschriebene Einführung in die Themen der Berechenbarkeit findet sich in David Harels *Das Affenpuzzle und weitere bad news aus der Computerwelt* [Har02].

Turing-Maschinen sind ein universelles Berechnungsmodell. Schülerinnen und Schüler, die bereits mit Kara vertraut sind, können den Übergang zu Turing-Maschinen einfach vollziehen. Die Kontrolllogik ist die gleiche wie bei endlichen Automaten. Der Unterschied liegt im externen Speicher: Turing-Maschinen arbeiten auf einem unbeschränkten Speichermedium. Typischerweise wird ein eindimensionales Band verwendet. Aus der Sicht der Berechenbarkeit argumentierte Turing, dass ein eindimensionales Band für Turing-Maschinen ausreichend sei [Tur37]:

> Computing is normally done by writing certain symbols on paper. We may suppose this paper is divided into squares like a child's arithmetic book. In elementary arithmetic the two-dimensional character of the paper is sometimes used. But such a use is always avoidable, and I think that it will be agreed that the two-dimensional character of paper is no essential of computation. I assume then that the computation is carried out on one-dimensional paper, i.e., on a tape divided into squares.

TuringKara verwendet hingegen bewusst eine zweidimensionale Welt. Aus Sicht der theoretischen Berechenbarkeit bringt ein zweidimensionales Speichermedium zwar keine Vorteile. Es hat jedoch Vorteile in didaktischer Hinsicht: Das Lösen von Aufgaben wird vereinfacht, da sich die zu verarbeitenden Daten viel besser anordnen lassen und so der Zugriff einfacher wird. Dadurch wird die Anzahl der Bewegungen des Lese-/Schreibkopfes stark reduziert.

6.1 Die TuringKara-Umgebung

Abbildungen 6.1 und 6.2 zeigen die TuringKara-Umgebung, die sich an die vertraute Kara-Umgebung anlehnt. Anstelle des Marienkäfers wird ein Lese-/Schreibkopf programmiert, der als Quadrat dargestellt ist. Der Lese-/Schreibkopf hat keinen Richtungssinn und kann in alle vier Himmelsrichtungen bewegt werden.

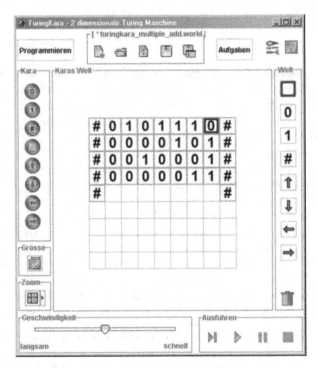

Abb. 6.1. Die TuringKara-Umgebung (Welteditor)

Die Felder der Welt können folgende Symbole aufnehmen: 0, 1, #, □ (leeres Feld) sowie die vier Pfeilsymbole ←, →, ↑, ↓. Der Lese-/Schreibkopf kann jedes Symbol auf jedes Feld schreiben, unabhängig von dessen gegenwärtigem Inhalt. Die Symbole selbst haben keine semantische Bedeutung und können beliebig verwendet werden. Sie wurden für die TuringKara-Umgebung gewählt, weil sie bei vielen Aufgaben anschaulich sind.

Der Programmeditor ist praktisch identisch zur Kara-Umgebung. Anstelle der Sensoren wird abgefragt, was der Lesekopf auf dem aktuellen Feld sieht. So wird zum Beispiel in der Übergangstabelle von Abbildung 6.2 der erste Übergang gewählt, wenn der Lese-/Schreibkopf auf einer 0 oder einer 1 ist. Steht er auf einem #, so wird der zweite Übergang gewählt, und für den

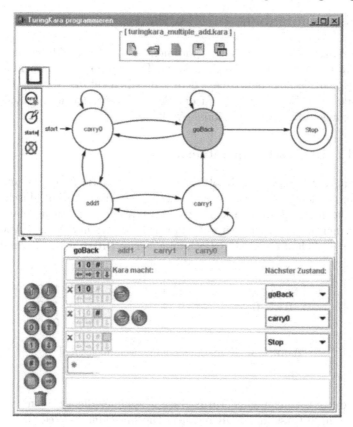

Abb. 6.2. Die TuringKara-Umgebung (Programmeditor)

Fall eines leeren Feldes der dritte Übergang. Steht der Lesekopf auf einem Pfeilsymbol, tritt ein Fehler auf.

Die Definition von TuringKara-Maschinen unterscheidet sich geringfügig von der Definition einer Standard-Turing-Maschine. In einer Standard-Turing-Maschine spezifiziert ein Übergang genau ein Symbol, das geschrieben wird, und einen Bewegungsbefehl für den Lese-/Schreibkopf. Bei TuringKara-Maschinen kann für einen Übergang eine beliebige Anzahl Schreib- und Bewegungsbefehle definiert werden. Standard- und TuringKara-Maschinen sind äquivalent, und die Umwandlung von TuringKara- zu Standard-Maschinen ist einfach. Aus didaktischer Sicht hat das TuringKara-Modell den Vorteil, dass es für viele Turing-Maschinen die Anzahl der Zustände deutlich verringert. Die Maschinen werden dadurch überschaubarer und erleichtern beim Programmieren die Konzentration auf das Wesentliche.

6.2 Beispielaufgaben

Typische Aufgabenstellungen für eindimensionale Turing-Maschinen lassen sich natürlich auch mit TuringKara lösen. Dazu gehören Entscheidungsprobleme wie „Ist die Zeichenkette auf dem Band Element der Sprache $\{0^n 1^n\}$?" Wir lassen diese Beispiele hier auf der Seite und wenden uns Aufgaben zu, deren Lösungen die zweidimensionale Welt nutzen.

Beispiel 1: Boole'sche Operationen

Mit TuringKara lassen sich Boole'sche Funktionen wie AND, OR und XOR einfach implementieren. So lässt sich zeigen, wie einer Turing-Maschine das Rechnen beigebracht werden kann. Der Vorteil der zweidimensionalen Welt zeigt sich bei diesen Beispielen auf eindrückliche Art und Weise. Abbildung 6.3 zeigt den Ablauf einer XOR-Rechnung zweier Bitstrings in TuringKara.

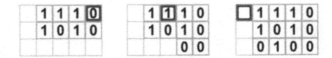

Abb. 6.3. XOR-Berechnung zweidimensional

Abbildung 6.4 zeigt eine TuringKara-Maschine, die zwei untereinander stehende binäre Bitstrings XOR rechnet. Die Maschine hat lediglich die drei Zustände read, 00/01 und 10/11. Die Maschine berechnet das Resultat bitweise von rechts nach links. Der Zustand read liest das aktuelle Bit des ersten Bitstrings und bewegt den Lese-/Schreibkopf auf das entsprechende Bit im zweiten String. Die Zustände 00/01 und 10/11 berechnen das Resultat, schreiben es und bewegen den Lese-/Schreibkopf auf das nächste Bit des ersten Strings. Im Gegensatz zu einer eindimensionalen Lösung ist das Programm sehr einfach: Bei einer eindimensionalen Welt braucht es einige Zustände mehr, die lediglich den Lese-/Schreibkopf hin- und herbewegen.

Beispiel 2: Binäre Addition

Eine ganze Reihe von TuringKara-Beispielen veranschaulicht, wie man die Algorithmen der Primarschul-Arithmetik formal exakt darstellen kann: Addition, Subtraktion, Multiplikation und Division. In der Schule haben wir alle gelernt, wie man diese Operationen mit Hilfe von kariertem Papier durchführt. Das karierte Blatt Papier entspricht der zweidimensionalen Welt von Turing-Kara. Die Grundrechenarten Addition, Subtraktion und Multiplikation lassen sich in TuringKara recht einfach implementieren, einzig die Division ist etwas aufwändiger. Als erstes Beispiel betrachten wir die Addition einer beliebigen

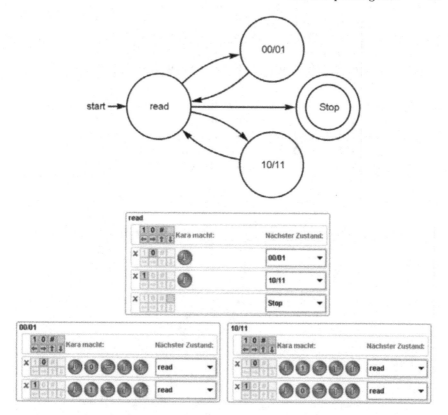

Abb. 6.4. Programm für XOR-Berechnung

Anzahl binärer Zahlen. Auch bei diesem Beispiel zeigt sich deutlich der Vorteil der zweidimensionalen Welt.

Die zu addierenden Zahlen werden untereinander geschrieben und links und rechts durch #-Markierungen begrenzt, die in einem Abstand von $k \geq 1$ Feldern angebracht sind. Die Summe wird modulo 2^k berechnet, also exakt, falls k im Vergleich zu den Summanden genügend gross ist. Die erste Zeile wird zur zweiten addiert, und die partielle Summe überschreibt diese. Danach geht es Zeile um Zeile weiter, bis zuletzt nur noch die Zeile mit der Summe übrig bleibt (Abbildung 6.5).

Das Programm für die Addition ist recht einfach (Abbildung 6.5). Der Automat startet im Zustand carry0 und durchläuft die aktuelle Zahl von rechts nach links. Nur wenn das aktuelle Bit eine 1 ist, muss es im Zustand add1 addiert werden. Je nachdem, ob bei dieser Addition ein Übertrag entsteht oder nicht, ist der Folgezustande carry1 oder carry0. Wenn die Endmarkierung # erreicht wird, läuft der Automat im Zustand goBack nach rechts zurück und beginnt mit der Addition der nächsten beiden Zahlen.

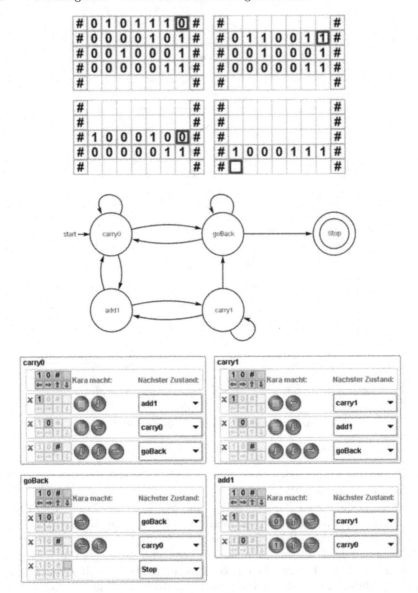

Abb. 6.5. Addition mehrerer Binärzahlen

Beispiel 3: Binäre Multiplikation

Als weiteres Beispiel zeigen wir die Multiplikation zweier Zahlen. Anstelle des aus der Schule bekannten Verfahrens verwenden wir die sogenannte Zigeuner-Multiplikation. Die erste Zahl wird halbiert, während die zweite verdoppelt wird. Ist der erste Multiplikand ungerade und hinterlässt daher die ganzzahlige Halbierung einen Rest, wird dieser Rest, das heisst, der zweite Multiplikand, zum Zwischenresultat addiert. Dieses Verfahren wird wiederholt bis der erste Multiplikand eins ist (Abbildung 6.6). Das Halbieren und das Verdoppeln einer binären Zahl kann einfach mit einem Shift nach rechts und einem Shift nach links erreicht werden.

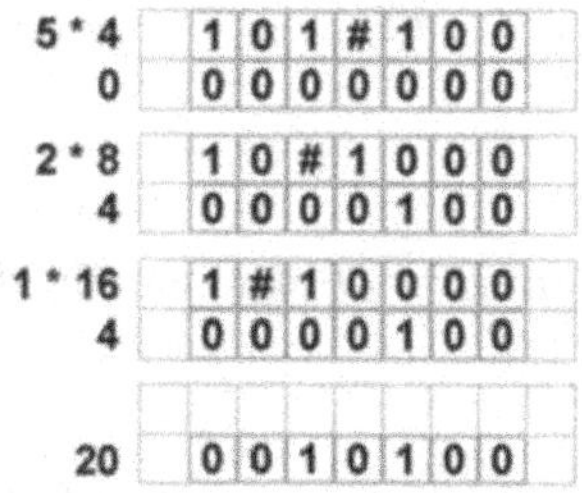

5 * 4	1	0	1	#	1	0	0
0	0	0	0	0	0	0	0

2 * 8	1	0	#	1	0	0	0
4	0	0	0	0	1	0	0

1 * 16	1	#	1	0	0	0	0
4	0	0	0	0	1	0	0

20	0	0	1	0	1	0	0

Abb. 6.6. Multiplikation von 5 * 4 in TuringKara

Abbildung 6.6 zeigt den Ablauf der Multiplikation in der Welt. Die beiden Multiplikanden stehen auf der ersten Zeile getrennt durch ein #, das aktuelle Zwischenresultat steht auf der zweiten Zeile. Die Division und Multiplikation der Multiplikanden findet ausschliesslich auf der oberen Zeile statt. Dieser Algorithmus ist dank der zweidimensionalen Welt mit TuringKara relativ einfach mit nur neun Zuständen umsetzbar. Vier Zustände übernehmen die Addition und können gleichsam als Makro vom Multiplikations-Programm übernommen werden. Die anderen fünf Zustände halbieren und verdoppeln die Multiplikanden (Abbildung 6.7).

Beispiel 4: Traversieren eines Labyrinthes

Das vollständige Besuchen eines Labyrinths ist eine klassische Problemstellung der Algorithmik. Typischerweise wird zur Lösung ein rekursiver Algorithmus implementiert. Die rekursiven Aufrufe der Suchmethode speichern dabei, in welchen Richtungen das Labyrinth schon besucht wurde. Ein anderer Lösungsansatz benutzt eine Datenstruktur, in der für jedes Feld des Labyrinths festgehalten wird, aus welcher Richtung das Feld betreten wurde. Diese Methode lässt sich einfach mit TuringKara implementieren.

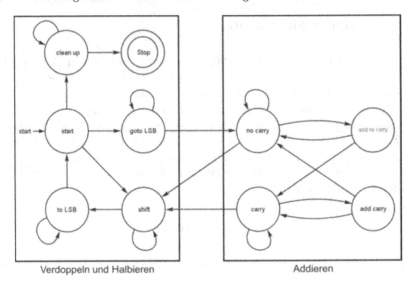

Abb. 6.7. TuringKara-Programm für Multiplikation

Abbildung 6.8 zeigt ein durch # begrenztes Labyrinth. Jedes Feld inner-halb des Labyrinths soll besucht und mit einer 0 markiert werden. Die Pfeile geben an, aus welcher Richtung ein Feld betreten wurde.

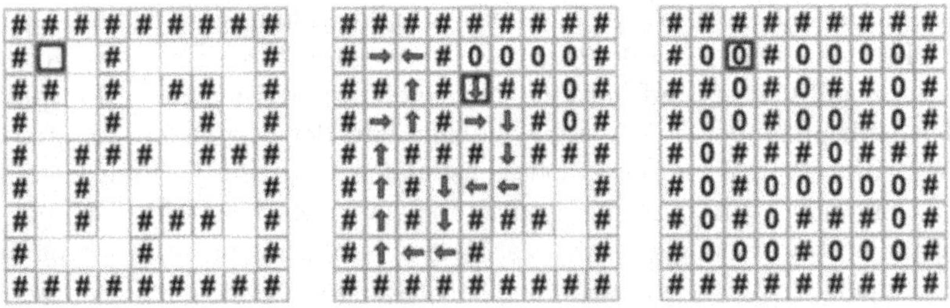

Abb. 6.8. Labyrinth vollständig mit 0 füllen

Das Programm für die Traversierung des Labyrinths ist in Abbildung 6.9 dargestellt. Es implementiert eine Standard-Tiefensuche. Der Startzustand put 0 schreibt als Stopmarkierung eine 0. Die Zustände west, north, east und south funktionieren alle nach dem gleichen Muster und suchen in den Nach-barfeldern des aktuellen Feldes, auf dem der Lese-/Schreibkopf steht, nach einem freien Feld. Im Zustand west bewegt sich der Lese-/Schreibkopf vom aktuellen Feld auf das benachbarte Feld links. Falls dieses Feld leer ist, wird ein Pfeil nach rechts geschrieben, um festzuhalten, von wo aus das Feld betreten wurde. Falls das Feld schon besucht wurde, geht der Lese-/Schreibkopf weiter zum Feld oberhalb des Ausgangsfeldes und wechselt in den Zustand north. Wird rundherum kein freies Nachbarfeld gefunden, läuft der Zustand back den Pfeilen entlang rückwärts, bis bei einem Feld ein freies Nachbarfeld gefunden wird. Dann beginnt die Suche von vorne.

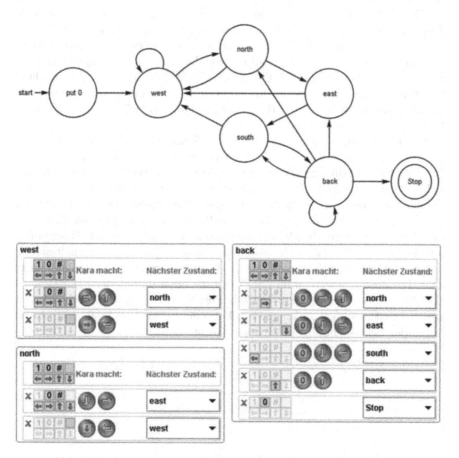

Abb. 6.9. Auszug aus dem Programm für Labyrinth-Traversierung

6.3 Die universelle Turing-Maschine

Das Konzept der universellen Turing-Maschine (UTM) spielt in der theoretischen Informatik eine wichtige Rolle. Es illustriert die Idee von programmierbaren Maschinen und zeigt, dass es Maschinen gibt, die jede beliebige andere Maschine simulieren können.

Die UTM nimmt als Eingabe die Beschreibung einer Turing-Maschine (Programm und Band) und simuliert deren Ausführung. Wir haben in TuringKara eine UTM mit 41 Zuständen implementiert. Sie kann Standard-Turing-Maschinen simulieren, die ein eindimensionales Band mit den Symbolen 0, 1, #, □ benutzen. Obwohl die UTM selbst komplex ist, kann ihr Ablauf dank der zweidimensionalen Welt intuitiv und visuell einfach nachvollzogen werden. Auf diese Art kann mit TuringKara Studierenden ein Gefühl für das Konzept der UTM vermittelt werden.

Damit eine Turing-Maschine durch die TuringKara-UTM simuliert werden kann, muss sie zunächst in der Welt kodiert werden. Die Kodierung eines einzelnen Zustandsübergangs der zu simulierenden Turing-Maschine ist in Abbildung 6.10 dargestellt. Die zu simulierende Maschine muss eine Standard-Turing-Maschine sein. Deshalb ist für jeden Übergang von einem Zustand s1 nach s2 folgendes definiert: Das aktuelle Symbol a, das diesen Übergang auswählt, das zu schreibende Symbol b sowie der auszuführende Bewegungsbefehl m. Die Symbole a und b müssen im Alphabet $\{0, 1, \#, \square\}$ enthalten sein, und m muss eines der Symbole $\{\leftarrow, \square, \rightarrow\}$ sein, wobei □ für „keine Bewegung" steht. Die Zustände werden für die Codierung binär nummeriert. Das Beispiel in Abbildung 6.10 rechts zeigt die Codierung eines Übergangs von Zustand 01 in sich selbst, sofern das aktuelle Symbol a eine 1 ist. Geschrieben wird eine 0, und der Lese-/Schreibkopf wird nach rechts bewegt.

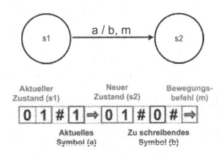

Abb. 6.10. Zustandsübergang und seine Kodierung für die TuringKara-UTM

Als ein einfaches, konkretes Beispiel kodieren wir einen Bitstring-Invertierer für die TuringKara-UTM. Der Invertierer startet am linken Ende eines Bitstrings. Er negiert so lange die einzelnen Bits, nach rechts laufend, bis er das Stoppsymbol # erreicht. Das Programm ist in Abbildung 6.11 als TuringKara-Maschine dargestellt.

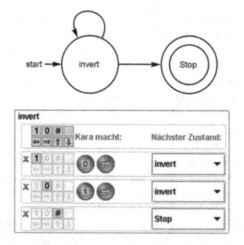

Abb. 6.11. Bitstring-Invertierer in TuringKara

Damit die TuringKara-UTM die Bitstring-Invertierer-Maschine simulieren kann, muss jeder Übergang entsprechend obigem Schema in der Welt kodiert werden. Die Zustände der Maschine müssen eindeutige Nummern haben, damit die Übergänge korrekt angegeben werden können. Zudem müssen der Startzustand und das Band in der Welt kodiert werden. Die vollständige Kodierung der Bitstring-Invertierer-Maschine ist in Abbildung 6.12 (rechts) dargestellt. Zusätzlich zur eigentlichen Kodierung werden noch einige Leerzeilen und Markierungen benötigt, damit die UTM arbeiten kann.

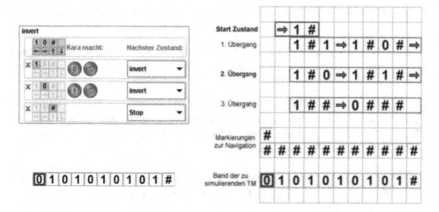

Abb. 6.12. Kodierung des Bitstring-Invertierers für die TuringKara-UTM

Man kann die TuringKara-UTM auf einer Welt laufen lassen, die eine codierte Turing-Maschine enthält, und zuschauen, wie sie Übergang für Übergang diese Maschine ausführt. Von der Idee her ist die Arbeit der UTM einfach und lässt sich in zwei Phasen aufteilen. In der ersten Phase ermittelt die UTM den nächsten Übergang, der durch den aktuellen Zustand und das aktuelle Symbol auf dem Band bestimmt wird. Dazu muss die UTM im der Welt das aktuelle Symbol auf dem Band betrachten und dann zu der Liste mit Übergängen laufen, um den entsprechenden Übergang zu suchen. In der zweiten Phase läuft die UTM in der Welt vom aktuellen Übergang wieder zurück zum Band, schreibt dort das Symbol dieses Übergangs auf das Band und bewegt den Lese-/Schreibkopf entsprechend. Diese beiden Phasen werden wiederholt, bis die Maschine terminiert. Abbildung 6.13 zeigt den Ablauf am Beispiel der Invertierer-Maschine. Die Abbildung macht auch deutlich, wie die UTM Informationen in der Welt speichert und verschiebt, da sie sich diese Informationen nicht im Zustandsraum merken kann. Wirklich anschaulich wird die Simulation durch die UTM allerdings erst dann, wenn man sie in TuringKara laufen lässt.

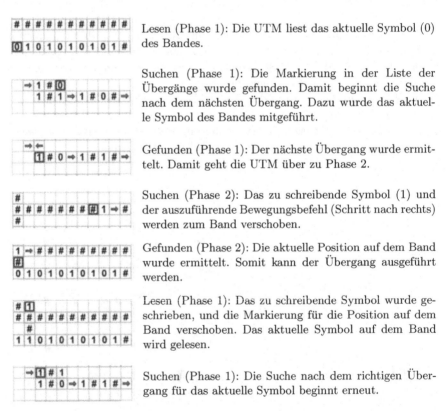

Lesen (Phase 1): Die UTM liest das aktuelle Symbol (0) des Bandes.

Suchen (Phase 1): Die Markierung in der Liste der Übergänge wurde gefunden. Damit beginnt die Suche nach dem nächsten Übergang. Dazu wurde das aktuelle Symbol des Bandes mitgeführt.

Gefunden (Phase 1): Der nächste Übergang wurde ermittelt. Damit geht die UTM über zu Phase 2.

Suchen (Phase 2): Das zu schreibende Symbol (1) und der auszuführende Bewegungsbefehl (Schritt nach rechts) werden zum Band verschoben.

Gefunden (Phase 2): Die aktuelle Position auf dem Band wurde ermittelt. Somit kann der Übergang ausgeführt werden.

Lesen (Phase 1): Das zu schreibende Symbol wurde geschrieben, und die Markierung für die Position auf dem Band verschoben. Das aktuelle Symbol auf dem Band wird gelesen.

Suchen (Phase 1): Die Suche nach dem richtigen Übergang für das aktuelle Symbol beginnt erneut.

Abb. 6.13. Ausführung der TuringKara-UTM für den Bitstring-Invertierer

6.4 Nicht-berechenbar: Kara, der fleissige Biber

Universelle Berechnungsmodelle spielen in der Theoretischen Informatik eine wichtige Rolle. Die Church-Turing-These besagt, dass jede Funktion, die intuitiv „berechenbar" ist, auch mit einer Turing-Maschine berechnet werden kann. Das Standard-Beispiel eines unentscheidbaren Problems ist das Halteproblem. Es gibt keine Turing-Maschine, die entscheiden kann, ob eine beliebige andere Turing-Maschine je anhält oder nicht.

Von Tibor Rado stammt 1962 ein Beispiel einer nicht berechenbaren Funktion [Rad62], deren Output sich gut visualisieren lässt. Man betrachtet alle Turing-Maschinen mit Alphabet $\{1, \square (leeres Feld)\}$ mit n Zuständen, die beginnend auf einem leeren Band irgendwann anhalten. Der Stop-Zustand wird dabei nicht gezählt. Die Funktion $\Sigma(n)$ bezeichnet die maximale Anzahl Markierungen (nicht notwendigerweise zusammenhängend), die eine Turing-Maschine mit n Zuständen auf dem Band hinterlassen kann, bevor sie anhält. Eine Turing-Maschine, welche $\Sigma(n)$ Markierungen (Einsen) liefert, wird ein „fleissiger Biber" genannt.

Schon Turing-Maschinen mit einer kleinen Anzahl Zustände sind in der Lage, eine sehr grosse Anzahl Markierungen auf dem Band zu hinterlegen. Die fleissigen Biber beginnen klein: $\Sigma(1) = 1$, $\Sigma(2) = 4$, $\Sigma(3) = 6$, $\Sigma(4) = 13$. H. Marxen und J. Buntrock haben gezeigt, dass der fleissige Biber mit 5 Zuständen mindestens $\Sigma(5) \geq 4098$ Markierungen und der fleissige Biber mit 6 Zuständen mindestens $\Sigma(6) \geq 1.29 * 10^{865}$ Markierungen auf dem Band hinterlassen [MB90].

Die Funktion $\Sigma(n)$ ist wohldefiniert, aber nicht berechenbar. In Dewdney's *Turing Omnibus* findet sich ein Beweis der Unberechenbarkeit der Funktion $\Sigma(n)$ [Dew97]. Dewdney zitiert auch ein Resultat von M. W. Green von 1964, das eindrücklich zeigt, was unberechenbar bei diesem Beispiel bedeutet: $\Sigma(n)$ wächst schneller als jede berechenbare Funktion. Das heisst, für jede berechenbare Funktion f gibt es eine Konstante n_0 mit der Eigenschaft:

$$f(n) < \Sigma(n), \forall n > n_0$$

Fleissige Biber mit n Zuständen sind schwierig zu finden. Für jeden Zustand einer Turing-Maschine ausser dem Stop-Zustand gibt es zwei Übergänge, so dass es insgesamt $2n$ Übergänge gibt. Jeder Übergang kann eines von zwei Symbolen (1 oder $\square$) schreiben und kann entweder nach links oder nach rechts gehen. Jeder Übergang kann zu einem von $n + 1$ Zuständen führen. Für n Zustände gibt es damit $(4(n+1))^{2n}$ verschiedene Turing-Maschinen. Die Zahl der Turing-Maschinen wächst also exponentiell mit der Anzahl Zustände. Zudem ist es im Allgemeinen nicht möglich zu entscheiden, ob eine gegebene Turing-Maschine anhalten wird oder nicht. Eine „Brute-Force"-Suche hat daher wenig Aussicht auf Erfolg. Dewdney gibt noch einen weiteren Grund an, warum fleissige Biber so schwierig zu finden sind [Dew97]:

One reason for the enormous difficulty of the busy beaver problem lies in the ability of relatively small Turing machines to encode profound unproved mathematical conjectures such as Fermat's last „theorem" or the Goldbach conjecture (every even number is the sum of two primes). Knowledge of whether such machines halt is tantamount to proving or disproving such a conjecture.

Turing-Maschinen für fleissige Biber lassen sich gut mit TuringKara simulieren, zumindest solche mit nicht allzu grossen Bandlängen. Ein fleissiger Biber mit 6 Zuständen lässt sich kaum mehr simulieren, da eine Welt dieser Grösse den Speicherbedarf sprengen würde. Abbildung 6.14 zeigt das Zustandsdiagramm für einen fleissigen TuringKara mit 2 Zuständen, der 4 Markierungen auf dem Band hinterlässt.

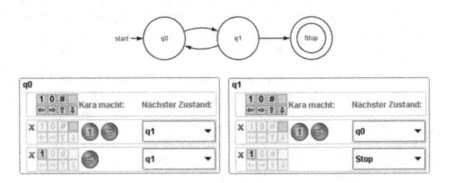

Abb. 6.14. Biber-Automat mit 2 Zuständen

Mit TuringKara lassen sich nicht nur eindimensionale Biber simulieren, sondern auch zweidimensionale. Wie viele Markierungen kann eine TuringKara-Maschine mit drei Zuständen maximal produzieren, bevor sie terminiert? Zwecks Übereinstimmung mit den Busy-Beaver-Spielregeln machen wir die folgenden Einschränkungen: nur die Symbole 1 und □ (leeres Feld) dürfen verwendet werden, und die Übergänge müssen der Definition von Standard-Turing-Maschinen entsprechen. Jeder Übergang besteht also aus genau einem Schreibbefehl gefolgt von einem Bewegungsbefehl. Abbildung 6.15 zeigt eine TuringKara-Maschine, von der wir vermuten, dass es sich um einen fleissigen TuringKara-Biber-Kandidaten mit drei Zuständen handelt. Die Maschine wurde ermittelt durch eine Brute-Force-Suche über alle TuringKara-Maschinen, die obigen Einschränkungen genügen und innerhalb von 100 Übergängen terminieren.

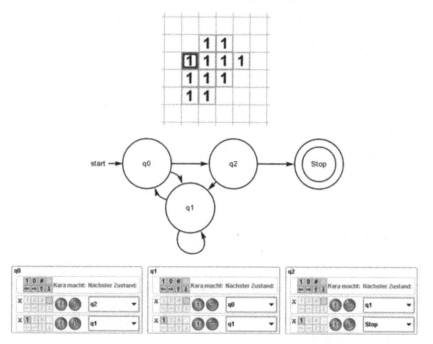

Abb. 6.15. Kandidat für fleissigen TuringKara-Biber mit drei Zuständen

Die aufgeführten Beispiele zeigen, dass sich mit TuringKara grundlegende Konzepte der Theoretischen Informatik auf lehrreiche Art vermitteln lassen. Theorie als solche muss nicht grau sein: Abstraktion ist ein äusserst nützlicher Prozess zur Reduktion auf das Wesentliche. Abstraktion heisst aber nicht, dass die zugrunde liegenden Gedankengänge in aller Allgemeinheit, eben abstrakt, vermittelt werden sollen. Gerade im Unterricht sollten die zentralen Themen an einfachen, überzeugenden Beispielen dargestellt werden.

Concurrency:
Interagierende oder nebenläufige Prozesse

Im täglichen Leben sind wir uns gewohnt, dass unsere Tätigkeiten stets mit anderen zeitlichen Abläufen interagieren. Wir warten darauf, dass die Verkehrsampel grün leuchtet; wir reihen uns in eine Warteschlange ein; mit einem Telefonanruf lenken wir einen anderen Menschen von seiner Arbeit ab und unterbrechen damit seinen geplanten Tagesablauf. Die Tatsache, dass wir unsere Pläne stets an unvorhergesehene, von anderen verursachte Ereignisse anpassen müssen, ist so selbstverständlich, dass uns die Schwierigkeit dieser Aufgabe oft nicht bewusst ist.

Kleine Ungereimtheiten sind eher amüsant als beschwerlich. Wenn zwei höfliche Personen gleichzeitig auf dieselbe Türe zugehen, läuft hin und wieder ein „nach Ihnen – nach Ihnen"- Protokoll ab – jeder bietet dem anderen den Vortritt an. Aber nach wenigen dieser „hand shaking" Runden wird einer vorgehen und die gegenseitige Blockierung auflösen. Im Fachjargon ausgedrückt haben die zwei Betroffenen ein Synchronisationsproblem gelöst.

Die technischen Terme „Protokoll" und „hand shaking", „Händeschütteln", sind bewusst gewählt, weil wir in diesem Kapitel untersuchen wollen, wie automatisch ablaufende Prozesse verschiedene Synchronisationsprobleme lösen können. Betrachten wir ein Szenario, das bereits heute in einigen Geschäftshäusern täglich abläuft. Einige Post verteilende Roboter drehen entlang markierter Pfade ihre Runden. Die Roboter nehmen die Spur wahr, der sie folgen müssen, wie auch Hindernisse in der unmittelbaren Umgebung, insbesondere andere wandernde Roboter. Falls sich die Spuren zweier Roboter kreuzen, muss der Programmierer ein Synchronisationsproblem lösen. Weder draufgängerische Roboter, die sich immer vordrängen, noch schüchterne Roboter, die dem anderen Vortritt gewähren, lösen das Problem: zwei draufgängerische Roboter werden einen Unfall verursachen, zwei schüchterne blockieren sich gegenseitig gemäss dem „nach Ihnen – nach Ihnen"-Protokoll. Anders als bei Menschen, bei denen der Zufall bald die gegenseitige Blockierung auflöst, würden stur programmierte, schüchterne Roboter ewig an Ort und Stelle verharren. Der Fachjargon nennt diese „nach Ihnen – nach Ihnen"-Blockierung einen „livelock": beide Roboter fragen ständig ihre Umgebung ab, ob noch ein Hindernis ihren Fortschritt hemmt. Keiner wagt, sich zu bewegen und dadurch das Hindernis für den anderen zu entfernen.

7.1 Von zentraler Steuerung zur Zusammenarbeit autonomer Systeme

Wo immer Synchronisationsprobleme auftreten, hat die Gesellschaft zentrale Steuerungsmechanismen als Schiedsrichter eingeführt. Flugzeuge melden sich beim Kontrollturm und warten, bis sie die Erlaubnis zur Landung oder zum Abflug erhalten. Die Verkehrsampel ist eine automatisierte Version derselben Idee. Ein Fahrplan ist ebenfalls ein zentraler Steuerungsmechanismus. Mit Verkehrsampeln oder mit Fahrplänen lässt sich auch das Problem der postverteilenden Roboter lösen.

Informatiksysteme entwickeln sich aber je länger je mehr weg von zentral gesteuerten Lösungen hin zu verteilten, dezentralen Systemen. Das bekannteste Beispiel dieser Entwicklung ist das Internet. Niemand weiss, wie weit das Internet genau zu diesem Zeitpunkt seine Tentakel spreizt. Die Postverteilung im Internet ist nicht zentral gesteuert, sondern stützt sich auf die freiwillige Mitarbeit vieler Internet Service Provider (ISP). Eine E-Mail wird nicht nach einem vordefinierten Plan zum Ziel befördert. Sie wird zuerst in kleinere Pakete zerstückelt, von denen jedes seinen eigenen Weg zum Ziel durchwandert. Diese Zufallswanderung geschieht nach einem „hot potato routing"-Verfahren, so wie ein Fussballteam den Ball in Richtung gegnerisches Goal befördert. Jeder „ISP-Spieler", der ein Paket zur Übertragung erhält, schickt dieses sobald wie möglich an einen anderen ISP weiter, in ungefährer Richtung auf das Schlussziel. Nach einer zufälligen Anzahl solcher Sprünge kommen die Pakete meistens am richtigen Ziel an, und werden dort zur E-Mail zusammengefügt.

Was ist der Grund für diesen Paradigmenwechsel von der zentraler Steuerung, charakteristisch für die frühindustrielle Technik, zur heutigen Zusammenarbeit autonomer Systeme? Es ist die „Miniaturisierung der Intelligenz", welche die heutige Informations- und Kommunikationstechnik ermöglicht. Jedes kleine, billige Gerät kann sich einen eingebauten Mikroprozessor leisten, der allerlei Logistik spielend verarbeiten kann. Dieselbe Arbeit hätte ein elektromechanisches Gerät aus früheren Zeiten nicht mit vertretbarem Aufwand leisten können. Betrachten wir als Beispiel, was das einfache „hot potato routing" für den Versand einer Mail an Logistik verlangt. Wohin will dieses Paket? Falls es nach Australien will, soll ich es nach Westen, Osten, Süden oder Norden weiter schicken? Wer sind meine Nachbarn, an die ich es weitergeben kann? Diese können sich von Tag zu Tag ändern, so wie auch neue Adressen ständig auftauchen und alte verschwinden. Ein Knoten in diesem Verkehrsnetz braucht viel Information, die sich laufend ändert, um seine Rolle als Teamspieler zu erfüllen.

Nur weil die Zusammenarbeit autonomer Systeme technisch möglich ist, heisst das noch nicht, dass wir deswegen die Idee zentraler Steuerung aufgeben sollen. Man soll in jedem Einzelfall entscheiden, welche technische Lösung sinnvoller ist. Aber die Waagschale neigt sich mehr und mehr zugunsten verteilter Systeme. Der Hauptgrund dafür ist die Anfälligkeit zentraler Systeme – wenn die Zentrale ausfällt, ist das ganze System tot. Im Vergleich dazu sind verteilte Systeme viel robuster. Zeitungen berichten periodisch von Viren oder „denial-of-service"-Angriffen, welche Teile des Internets lahm legen. Aber das Internet als Ganzes hat in drei Jahrzehnten seiner Lebenszeit noch nie den Geist ganz aufgegeben.

7.2 Die entscheidende Rolle des Zufalls

Wenn die verschiedenen autonomen Komponenten eines verteilten Systems, von denen jede nach ihrer eigenen Logik und in ihrem eigenen Arbeitsrhythmus operiert, eine gemeinsame Aufgabe erledigen sollen, müssen sie sich über die Grundregeln der Zusammenarbeit absprechen. Im obigen Beispiel der E-Mail-Beförderung darf jeder Knoten selbst entscheiden, wie er ein Paket Richtung Australien schicken soll. Sofern niemand böswillig Pakete in die falsche Richtung schickt, sollten sie am Ziel ankommen, wenn auch auf Umwegen. Hingegen muss die Art der Übergabe eines Pakets von einem Spieler zum anderen gemäss vereinbarten Protokollen ablaufen. Man kann sich solche Protokolle in Analogie zu menschlichem Verhalten beim Telefonieren vorstellen: Anrufen – nimmt der Angerufene ab? Falls nicht, jemand anders anrufen. – Falls ja, hallo, wer ist am Draht? – Hörst Du mich? Falls nicht, bitte nochmals sagen (senden) – verstanden? Falls ja, bye – falls die Verbindung unterbrochen wurde, nochmals von Neuem versuchen.

Angesichts des Problems der „nach Ihnen – nach Ihnen"-Blockierung müssen wir erwarten, dass ähnliche oder auch schwierigere Problem bei vielen Einzelschritten im obigen Telefon-Protokoll eintreten können: Plötzlich „hängt" das System, wie wir es auch von den Betriebssystemen unserer Computer erfahren müssen. Informatiker müssen daher ganz genau verstehen, was bei der Interaktion nebenläufiger Prozesse alles schief laufen kann, und wie man sich dagegen vorsieht.

Der Zufall ist ein einfaches und mächtiges Werkzeug, um allerlei Blockierungen oder Verklemmungen zu verhindern. Wenn etwas nicht wie geplant funktioniert hat, soll man es nach einer zufällig gewählten Wartezeit nochmals versuchen. Oder falls es verschiedene Möglichkeiten gibt, ein Ziel zu erreichen, wähle man diese Optionen zufällig, bis eine Option zum Erfolg führt. Dieses Trial-and-Error Vorgehen erlaubt es einem, aus Sackgassen auszubrechen, statt ewig drin stecken zu bleiben.

Als Beispiel besprechen wir ein Kommunikationsprotokoll der Netztechnologie Ethernet mit dem komplizierten Namen CSMA/CD, Carrier Sense Multiple Access with Collision Detection. Ein Ethernet verbindet eine Anzahl von Computern in einem lokal begrenzten Bereich, so dass jeder Computer mit jedem beliebigen anderen „sprechen" kann, das heisst, eine Meldung schicken kann. Das Problem, das wir auch aus dem Alltag kennen, liegt darin, dass zu jedem Zeitpunkt nur einer schwatzen kann. Sprechen mehrere Leute gleichzeitig, hört man nur Lärm. Bevor ein anständiger Computer eine Meldung auf das Ethernet einspeist, lauscht er, um sicher zu stellen, dass in diesem Moment niemand die Verbindung benutzt – das ist das „Carrier Sense" in CSMA/CD. Wenn er Stille hört, speist er seine Meldung ein. Es ist aber möglich, dass zwei anständige Computer Stille hören und gleichzeitig ihre Meldung einspeisen – das ist das „Multiple Access" in CSMA/CD. Jetzt hören beide Lärm, also nicht das, was sie selbst eingespiesen haben – das ist das „Collision Detection" in CSMA/CD. Genau so wie anständige Gesprächspartner, die ungewollt gleichzeitig gesprochen haben, unterbrechen nun beide ihre Rede, und jeder wartet eine zufällig gewählte Frist. Wer die kürzere Wartefrist gewürfelt hat kommt als nächster dran. Das CSMA/CD Protokoll ist wirksam, sofern – wie beim alltäglichen Gespräch – nicht zu viele Computer und diese nicht zu lang sprechen.

7.3 Synchronisationsoperationen: Wenn der Zufall überfordert ist

Synchronisationsanforderungen fallen hauptsächlich in zwei Kategorien: Solche, die Gleichzeitigkeit ausschliessen und solche, die Gleichzeitigkeit verlangen. Die einfache Methode, eine Operation zu einem zufälligen Zeitpunkt auszuführen oder zu wiederholen, ist oft wirksam, um Gleichzeitigkeit auszuschliessen. Zufall ist aber kaum tauglich, um Gleichzeitigkeit herzustellen. Dies ist intuitiv ersichtlich, wenn wir uns zwei Roboter vorstellen, die unabhängig voneinander je eine zufallsgesteuerte Wanderung in der endlosen Ebene ausführen. Ihre Spuren werden sich oft kreuzen, aber es vergeht sehr viel Zeit, bis sie sich zufällig zum gleichen Zeitpunkt am gleichen Ort treffen.

Die Lösung von Synchronisationsaufgaben, die Gleichzeitigkeit verlangen, kann nicht völlig dezentral jedem Einzelnen überlassen werde. Es braucht Steuerungsmechanismen, die von aussen auf die Teilnehmer einwirken. Solche Mechanismen kennen wir aus dem Alltagsleben. Damit die Bezeichnung „von aussen einwirken" richtig verstanden wird, betrachten wir eine Vereinbarung wie „Arbeitsbeginn um 8 Uhr". Zwar richtet sich jeder täglich selbst danach, ohne weitere Interaktion mit anderen. Aber die Ankündigung dieser Startzeit an alle, auch wenn nur durch einen Zettel am Anschlagbrett, ist eine Einwirkung von aussen, ein „broadcast". Die zentrale Natur vieler Synchronisationsmechanismen aus dem Alltag erkennt man an Beispielen wie dem Dirigent, der das Orchester leitet; dem im ganzen Dorf hörbaren Kirchenglockenläuten; oder der Pfeife des Schiedsrichters, die das Spiel abrupt unterbricht. Es gibt aber auch interessante Synchronisationsmechanismen mehr lokaler Natur, wie die Übergabe des Stabes von einem Stafettenläufer an seinen Nachfolger.

Bei der Betrachtung analoger Mechanismen, die sich zur Synchronisation von programmgesteuerten Abläufen eignen, drängt sich eine weitere Unterscheidung auf. Der Synchronisationsmechanismus kann im Programm oder in den Daten angesiedelt sein. Als Beispiel für das erstere betrachten wir ein Programm P, das so lautet: „Zuerst A, danach B, dann warte auf ein Signal von aussen". Man sieht auf den ersten Blick, dass das Verhalten dieses Programms nicht aus dem Quelltext allein ersichtlich ist, sondern auch vom Verhalten der Aussenwelt abhängt. Als Beispiel für das zweite betrachten wir ein Programm Q, das die Anweisung enthält: „Lösche den Eintrag X in der Datenbank D". Falls D gleichzeitig von verschiedenen Klienten angesprochen wird, dann wird D nicht erlauben, dass unser Programm X löscht, während ein anderes Programm den Eintrag X liest oder verarbeitet – das Ergebnis wäre vermutlich für alle Beteiligte Unsinn. Das Programm Q zeigt seine Abhängigkeit von der Aussenwelt nicht explizit. Um diese Abhängigkeit zu erkennen, muss man bei der Datenbank D nachschauen.

7.4 Schwierigkeiten bei der nebenläufigen Programmierung

Wir wenden uns nun der Frage zu, wie im Informatik-Unterricht die Thematik der nebenläufigen Programmierung behandelt werden kann. Nebenläufige Programmierung bedingt eine andere Denkweise als sequentielle Programmierung. Es reicht nicht aus, sich mit den Synchronisations-Operationen als neue Befehle einer Klassen-Bibliothek zu befassen. Vielmehr wird der Programmierer als neue Schwierigkeit mit dem Zufall konfrontiert: Mehrere Prozesse werden in nichtdeterministischer Reihenfolge abwechselnd ausgeführt. Dadurch ergeben sich nicht vorhersehbare Verschränkungen („interleaving") der Prozesse. Für den Programmierer hat das Interleaving zwei Konsequenzen:

Programm-Analyse Viele Programmierer analysieren ihre sequentiellen Programme, indem sie deren Ausführung und Laufzeitverhalten in Gedanken simulieren. Das ist bereits für sequentielle Programme eigentlich nicht möglich, da es bei einem nicht trivialen Programm in Abhängigkeit der Daten eine riesige Anzahl möglicher Ausführungspfade gibt. Nebenläufige Programme machen eine derartige Analyse unpraktisch bis unmöglich. Durch das nichtdeterministische Interleaving der Prozesse ergibt sich eine kombinatorische Explosion der Anzahl Ausführungspfade. Eine statische Analyse nebenläufiger Programme, zum Beispiel mit Hilfe von Invarianten, wird daher zum Muss.

Testen und debuggen Testen kann das Vorhandensein von Fehlern in einem Programm aufzeigen, aber deren Abwesenheit nicht beweisen. Das gilt für sequentielle und in verstärkter Form für nebenläufige Programme. Wegen der kombinatorischen Explosion der Anzahl Ausführungspfade haben erfolgreiche Testläufe bei nebenläufigen Programmen weniger Aussagekraft als bei sequentiellen Programmen. Sogar wenn ein Test einen Fehler aufzeigt, sind nebenläufige Programme unheimlich schwer zu debuggen. Nur schon das Reproduzieren kann beinahe unmöglich sein.

Eine weitere Schwierigkeit bei der nebenläufigen Programmierung betrifft die Unterschiede zwischen der Theorie und der Praxis. In der Theorie der nebenläufigen Programmierung gibt es relativ wenige, wohldefinierte Synchronisationsmechanismen wie Semaphore, Monitore, asynchrone Nachrichten oder kommunizierende sequentielle Prozesse. In der Praxis sind die Mechanismen hochgradig sprachabhängig. Oft braucht man zusätzliche Bibliotheken, um Standardmechanismen zur Verfügung zu haben. Für Neulinge im Bereich nebenläufiger Programmierung ist es nicht einfach, den Überblick zu gewinnen und grundsätzliche Erkenntnisse von technologischen Aspekten zu trennen. Im nächsten Kapitel zeigen wir auf, wie basierend auf dem Kara-Modell wesentliche Konzepte der nebenläufigen Programmierung im Unterricht eingeführt werden können.

MultiKara –
Koordination nebenläufiger Prozesse

Die MultiKara-Umgebung bietet eine anschauliche und einfach handbare Einführung in die Denkweise der nebenläufigen Programmierung. Insbesondere soll MultiKara einen Eindruck der Schwierigkeiten der nebenläufigen Programmierung vermitteln sowie einige Mechanismen einführen, mit denen typische Probleme gelöst werden können. Typische Themen einer Einführung in nebenläufige Programmierung beinhalten: Nichtdeterminismus, Scheduling, Erzeugung, Aktivierung und Terminierung von Prozessen, Synchronisation sowie Kommunikation zwischen den Prozessen. MultiKara deckt davon die Themenbereiche Nichtdeterminismus, Scheduling und Synchronisations-Mechanismen für gegenseitigen Ausschluss sowie für die zeitliche Synchronisation ab. MultiKara konzentriert sich auf High-Level-Mechanismen, um die Prozesse von vier Marienkäfern in der MultiKara-Umgebung zu koordinieren.

MultiKara bietet vier Synchronisations-Mechanismen, die in zwei Kategorien eingeteilt werden können: *inklusive* und *exklusive*. Die inklusiven Mechanismen dienen der zeitlichen Synchronisation von Prozessen, die exklusiven dem gegenseitigen Ausschluss. Die Mechanismen beider Kategorien können entweder im *Zustandsraum* des Programms oder in der Datenstruktur der *Welt* angewendet werden. Die folgende Tabelle zeigt die vier MultiKara-Mechanismen und ihre Klassifizierung:

	inklusive	*exklusive*
Welt	**Meeting Room**	**Monitor**
Zustandsraum	**Barrier**	**Critical Section**

Von diesen vier Mechanismen sind *Monitor*, *Barrier* und *Critical Section* Standard-Mechanismen, die sich in Lehrmitteln zur nebenläufigen Programmierung finden. Der *Monitor* garantiert den gegenseitigen Ausschluss von Marienkäfern auf benutzerdefinierten Bereichen der Welt. Zustände, die als *Critical Section* markiert sind, werden durch Semaphoren geschützt, so dass zur Laufzeit höchstens ein Prozess in einem solchen Zustand sein kann. Die *Barrier* ist ein Rendezvous: Alle aktiven Prozesse müssen einen Barrier-Zustand erreichen, bevor die Programmausführung wieder aufgenommen wird. Der Ausdruck *Meeting Room* ist neu und soll den zugrunde liegenden Mechanismus anschaulich benennen: Ein Meeting beginnt erst, wenn alle Teilnehmer anwesend sind. Der Meeting Room-Mechanismus in der Welt der Marienkäfer entspricht dem Konzept der Barrier im Programm.

8.1 Die MultiKara-Umgebung

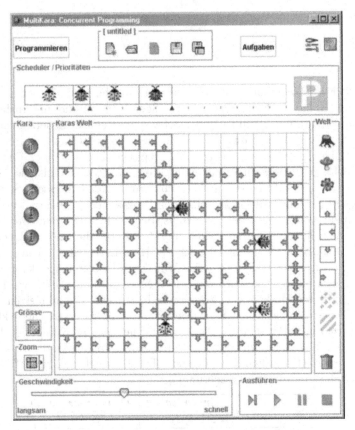

Abb. 8.1. Die MultiKara-Umgebung (Welteditor)

In der MultiKara-Umgebung werden vier verschiedenfarbige Marienkäfer programmiert, die in derselben Welt leben (Abbildungen 8.1 und 8.2). An der Welt hat sich dabei im Vergleich zur Kara-Umgebung nicht viel geändert. Es gibt immer noch Bäume, Pilze und Kleeblätter. Neu ist, dass die Käfer Kleeblätter in ihrer eigenen Farbe legen und eigene Kleeblätter von fremden unterscheiden können. Die Käfer können aber nicht prüfen, ob ein Blatt eine bestimmte Farbe hat. Wenn mehrere Käfer eine Aufgabe gemeinsam lösen, geben die farbigen Kleeblätter einen visuellen Eindruck davon, welcher Käfer welche Arbeit geleistet hat. Neu sind auch Strassenelemente, die angeben, aus welcher Richtung ein Feld betreten werden darf. Wenn auf einem Feld kein Strassenelement liegt, so dürfen die Käfer das Feld wie gehabt aus jeder Richtung betreten. Die Strassen erweitern das Spektrum an Aufgabenstellungen um Aufgaben, bei denen ein Käfer einen gerichteten Weg abläuft.

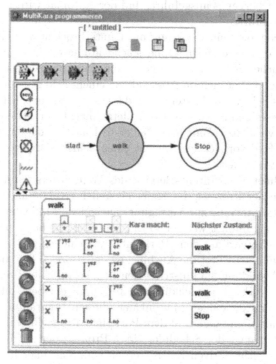

Abb. 8.2. Die MultiKara-Umgebung (Programmeditor)

Für jeden Käfer kann ein eigener Automat erstellt werden. Zur Laufzeit werden die Automaten unabhängig voneinander ausgeführt, wobei ihre Prozesse von einem Scheduler verwaltet werden. Die Automaten können nur via Welt oder mit Hilfe der Synchronisations-Mechanismen interagieren.

Das Zeit-Modell und der Scheduler

Die Programme der einzelnen Marienkäfer werden ausgeführt, indem der Scheduler abwechslungsweise die einzelnen Prozesse ausführt. Es wird keine parallele Ausführung simuliert. Die Zeit wird unterteilt in diskrete „clock ticks". Zu jedem Clock Tick wird genau ein Zustandsübergang vollständig ausgeführt. Zuerst werden alle im aktuellen Zustand verwendeten Sensoren ausgewertet, damit der entsprechende Übergang ermittelt werden kann. Dann werden alle Befehle dieses Übergangs ausgeführt, und der Automat wird in den nächsten Zustand übergeführt.

Die Tatsache, dass ein Übergang nicht unterbrochen werden kann, macht Kollisionsvermeidung einfach. Ohne solche atomaren Übergänge wäre nur schon ein einfacher Schritt nach vorne für die Käfer problematisch. Angenommen, zwei Käfer stehen sich im Abstand von einem Feld gegenüber. Ein Käfer betrachtet das Feld vor sich, stellt fest, dass es leer ist, und wird unmittelbar nach dieser Feststellung unterbrochen. Jetzt macht der andere Marienkäfer einen Schritt vorwärts. Wenn nun der erste Käfer wieder an der Reihe ist, wähnt er das Feld vor sich leer, macht einen Schritt vorwärts und kollidiert mit dem anderen Käfer.

Im „Scheduler/Prioritäten"-Bereich des Weltfensters kann der Benutzer die Prioritäten der Prozesse der Käfer einstellen (Abbildung 8.1). Dazu hat er 16 Prioritäts-Intervalle zur Verfügung. Diejenigen Marienkäfer, deren Programme nicht ausgeführt werden sollen, kann der Benutzer per Drag&Drop vom Scheduler-Bereich auf den „Parkplatz" verschieben.

Der Scheduler verwaltet die Ausführung der Prozesse der einzelnen Käfer-Programme. Abbildung 8.3 illustriert den Lebenslauf eines Prozesses. Startet der Benutzer die Programmausführung, bestimmt der Scheduler die aktiven Karas. Aktiv sind diejenigen Marienkäfer, die ein Programm haben, sich in der Welt aufhalten und nicht auf dem Parkplatz abgestellt wurden. Für jeden aktiven Käfer erzeugt der Scheduler einen Prozess, der auf ready to run gesetzt wird. Die nicht aktiven Karas werden vom Scheduler in den Parkplatz verschoben und nicht weiter berücksichtigt.

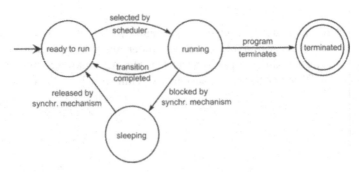

Abb. 8.3. Der Lebenslauf der Prozesse

Der Schedulers bestimmt, welcher Prozess als nächstes einen Zustandsübergang ausführen darf. Von allen Prozessen im Zustand ready to run wählt der Scheduler zufällig einen aus. Die Wahrscheinlichkeit der Auswahl eines Prozesses wird durch seine Priorität festgelegt. Der Prozess wird als running markiert und kann einen Übergang ausführen. Hinterher wird der Prozess wieder in den Zustand ready to run versetzt, oder in den Zustand terminated, wenn sein aktueller Zustand der Stop-Zustand ist. Der Scheduler wiederholt das Auswählen eines Prozesses immer wieder. Die Programmausführung endet, wenn alle Prozesse terminiert haben.

Bei der nebenläufigen Ausführung mehrerer Prozesse können Situationen auftreten, bei denen ein Prozess zum Beispiel den Monitor belegt, den ein anderer Prozess ebenfalls in Anspruch nehmen will. In diesem Falls wird der zweite Prozess vom Scheduler von Zustand running in den Zustand sleeping versetzt. Der Prozess wird erst dann wieder geweckt, wenn der Monitor freigegeben wurde.

Die Arbeit des Schedulers kann auch manuell gesteuert werden. Das ist beim Testen und Debuggen hilfreich. In der Steuerung der Programmausführung kann der Benutzer bestimmen, welcher Prozess als nächstes einen Übergang ausführen soll.

Sensor-Baukasten

In der Welt von MultiKara gibt es acht Arten von Objekten, die von den Sensoren wahrgenommen werden: Käfer, Kleeblätter, Bäume, Pilze, und vier Arten von Strassenelementen. Um die Programmierung zu erleichtern, können die vier Karas die Felder vor sich, links und rechts von sich auf beliebige Objekte und das Feld unter sich auf Kleeblätter hin abfragen. Damit der Benutzer seine Sensoren nicht aus einer langen Liste vorgefertigter Sensoren auswählen muss, kann er sich bei Bedarf eigene Sensoren bauen. Beim Programmieren ist es wichtig, die Sensoren so zu basteln, dass man möglichst einfach die Zustandsübergänge festlegen kann.

Abbildung 8.4 zeigt den Sensor-Baukasten. Ein Sensor kann ein Feld immer nur auf ein einziges Objekt hin testen. Es ist zum Beispiel nicht möglich, in einem einzigen Übergang zu testen, ob im Feld vorne ein anderer Marienkäfer auf einem Kleeblatt steht. Zudem können sich die Karas gegenseitig nicht erkennen. Mit dem Sensor kann nur abgefragt werden, ob irgendein anderer Käfer auf einem bestimmten Feld steht.

Die Abfragen auf den einzelnen Felder müssen alle gleichzeitig erfüllt sein, damit ein Sensor „ja" als Antwort liefert. Der Sensor in Abbildung 8.4 fragt ab, ob auf dem Feld links von Kara ein Kleeblatt von beliebiger Farbe liegt und ob auf dem Feld vorne ein anderer Käfer steht. Das Feld, auf dem Kara steht, und das Feld rechts von ihm spielen für diesen Sensor keine Rolle. Dieses „don't care" ist angedeutet durch das Kreuz auf den entsprechenden Sensorfeldern.

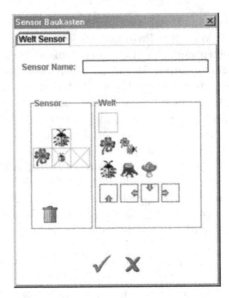

Abb. 8.4. Der Sensor-Baukasten

8.2 Beispielaufgaben

Die Programmierung mehrerer Käfer ist eine Herausforderung. Der Programmierer muss sich Gedanken machen zu vielen Aspekten der Synchronisation wie Kollisionsvermeidung, gegenseitiger Ausschluss, Rendezvous und Dead-Lock-Vermeidung. Viele Probleme, die mit einem Synchronisations-Mechanismus in der Welt (Meeting Room oder Monitor) gelöst werden können, lassen sich auch mit dem entsprechenden Mechanismus im Zustandsraum (Barrier oder Critical Section) lösen. Bei Lösungen im Zustandsraum werden oft zusätzliche Weltobjekte benötigt, um bestimmte Felder zu markieren. Diese Objekte dienen den Programmen als Hinweis, dass etwa in einen Barrier-Zustand eingetreten werden muss. Die Automaten, welche die Synchronisations-Mechanismen im Zustandsraum verwenden, sind oft komplexer und weniger intuitiv, da die Logik der nebenläufigen Abläufe sich mit dem eigentlichen Programm vermischt.

Beispiel 1: Arbeitsteilung ohne Synchronisations-Mechanismen

Als erstes Beispiel betrachten wir ein Problem, das ohne Synchronisations-Mechanismus gelöst werden kann. Dieses Beispiel zeigt, wie die Marienkäfer kooperieren können, indem sie nur ihre Sensoren einsetzen. Es illustriert zudem den Zuwachs an Programmkomplexität, den das Programm für mehrere Käfer im Vergleich zum Programm für nur einen Käfer mit sich bringt.

Die Aufgabe besteht darin, den Bereich zwischen zwei Bäumen mit Kleeblättern zu füllen. Betrachten wir zuerst den Fall eines einzelnen Käfers, der diese Aufgabe erledigen soll. Seine Position zu Beginn ist beliebig, er weiss einzig, dass er auf einen der beiden Bäume ausgerichtet ist (Abbildung 8.5). Mit einem Marienkäfer lässt sich die Aufgabe einfach mit zwei Zuständen lösen. Im Zustand find tree läuft der Käfer bis zum nächsten Baum und kehrt um, wenn er ihn erreicht. Im Zustand put leaves läuft er bis zum zweiten Baum und legt dabei die Kleeblätter hin.

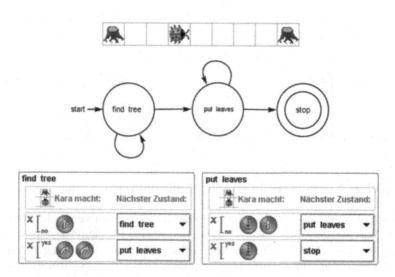

Abb. 8.5. Ein Käfer: Felder zwischen den Bäumen mit Kleeblättern füllen

Wie lösen mehrere Marienkäfer miteinander diese Aufgabe effizient? Das Programm soll unabhängig davon funktionieren, wie viele Käfer an der Lösung einer Aufgabe beteiligt sind. Da man keine Information über die Startpositionen der Käfer hat, ausser dass sie alle zwischen den zwei Bäumen in Richtung eines Baumes schauen, muss das Programm unabhängig von der Ausführungsreihenfolge und den Prioritäten der Käfer funktionieren. Ein mögliches Programm für mehrere Marienkäfer zeigt Abbildung 8.6.

Im Zustand first legt ein Käfer solange Kleeblätter, bis das Feld vor ihm nicht mehr frei ist. Ist das Feld belegt, so dreht er sich um 180° und geht in den Zustand second. Es gibt drei Fälle für ein belegtes Feld. (1) Wenn auf dem Feld ein anderer Käfer steht, kümmert sich dieser um die Felder hinter ihm. (2) Steht auf dem Feld ein Baum, so ist das Ende des zu füllenden Bereichs erreicht. (3) Liegt auf dem Feld ein Kleeblatt, so wird der Bereich hinter dem Kleeblatt von einem anderen Käfer belegt. In allen drei Fällen kann der Käfer umdrehen und in die andere Richtung laufen. Im Zustand second läuft der Käfer über die von ihm gelegten Kleeblätter hinweg. Leere Felder belegt er mit Kleeblättern. Wenn vor ihm ein anderer Käfer oder ein Baum steht oder ein fremdes Kleeblatt liegt, so ist er fertig.

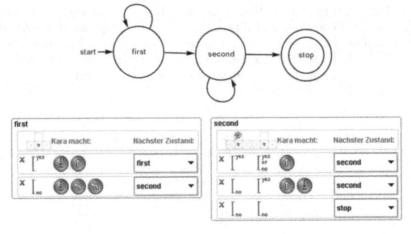

Abb. 8.6. Mehrere Käfer: Felder zwischen den Bäumen mit Kleeblättern füllen

Beispiel 2: Nichtdeterministische Kollisionsvermeidung

Wenn die Käfer Strassen ablaufen, müssen sie Kollisionen vermeiden und einander Vortritt gewähren. Solche Synchronisations-Probleme lassen sich oft analog zu dem CSMA/CD-Protokoll einfach lösen. In Abbildung 8.7 sollen zwei Käfer endlos ihren Rundgang ablaufen, wobei die zwei Rundgänge ein gemeinsames Stück Strasse benutzen. Das nichtdeterministische Programm lässt zwei Käfer bei geeigneten Startpositionen endlos patrouillieren. Im Zustand right turn laufen die Käfer rechts herum. Begegnet ein Käfer dabei dem anderen, trifft er mit gleicher Wahrscheinlichkeit einen von zwei Entscheiden: Entweder wartet er an Ort und Stelle, ob der andere Marienkäfer Platz macht, oder er kehrt um und wechselt in den Zustand left turn (nicht abgebildet). Dieser Zustand funktioniert analog zum Zustand right turn.

Beispiel 3: Kollisionsvermeidung mit dem Monitor-Mechanismus

Die Aufgabe in Abbildung 8.7 kann einfach mit dem Monitor-Mechanismus gelöst werden, der den gegenseitigen Ausschluss von Prozessen garantiert. Aus Gründen der Einfachheit gibt es in MultiKara nur einen einzigen globalen Monitor, der aus allen Weltfeldern besteht, die als Monitor-Felder markiert sind. Wann immer ein Käfer ein solches Feld betritt, betritt er den globalen Monitor. Im Monitor darf sich zu jeder Zeit höchstens ein Käfer aufhalten. Die Käfer selber können die Monitor-Felder nicht wahrnehmen. Die Koordination der Prozesse beim Betreten der Felder obliegt dem Scheduler. Der Monitor hat zwei Zustände: free und busy (Abbildung 8.8). Ist kein Käfer auf einem Monitor-Feld, so ist der Monitor im Zustand free (Monitor-Felder grün gefärbt). Betritt ein Käfer eines der Felder, schaltet der Monitor auf busy,

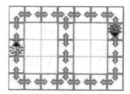

right turn

					Kara macht:	Nächster Zustand:
✗	⌐yes⌐no	L⌐no	L⌐no	⌐yes or⌐no	⬆	right turn ▾
✗	⌐yes⌐no	⌐yes⌐no	L⌐no	⌐yes or⌐no	↺↺⬆	left turn ▾
✗	⌐yes⌐no	⌐yes⌐no	L⌐no	⌐yes or⌐no		right turn ▾
✗	⌐yes or⌐no	⌐yes or⌐no	⌐yes	L⌐no	↻⬆	right turn ▾
✗	⌐yes or⌐no	⌐yes or⌐no	⌐yes	⌐yes	↻↺⬆	left turn ▾
✗	⌐yes or⌐no	⌐yes or⌐no	⌐yes	⌐yes		right turn ▾

Abb. 8.7. Zwei Karas, die je ein Rechteck endlos ablaufen

und die Felder werden rot gefärbt. Will ein Marienkäfer den besetzten Monitor betreten, wird ihm der Zustandsübergang verboten. Er wird schlafen gelegt, bis der Monitor wieder frei ist. Verlässt ein Käfer den Monitor, so wird der Monitor auf **free** gesetzt.

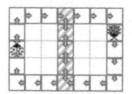 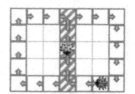

Abb. 8.8. Monitor ist **free** (links) und **busy** (rechts)

Die Lösung unserer Aufgabe ist mit dem Monitor-Mechanismus einfach: Die kritischen Abschnitte der Strassen werden als Monitor-Felder markiert (Abbildung 8.8). Das Programm muss so nur dafür sorgen, dass die Marienkäfer den Strassen entlang laufen (Abbildung 8.9). Im Gegensatz zum Programm, das gemäss dem CSMA/CD-Protokoll arbeitet, ist hier die Programmlogik entkoppelt von der Logik zur Kollisionsvermeidung.

Abb. 8.9. Programm für „Strasse ablaufen"

Beispiel 4: Aufeinander warten im Meeting Room

Wenn mehrere Käfer an bestimmten Orten in der Welt aufeinander warten sollen, bietet sich der Meeting Room-Mechanismus an. In unserem Beispiel sollen zwei Käfer Buslinien simulieren. An einer vorgegebenen Haltestelle sollen sie aufeinander warten, damit die Passagiere umsteigen können. Abbildung 8.10 zeigt eine Busstrecke, wobei die Haltestelle grau markiert ist.

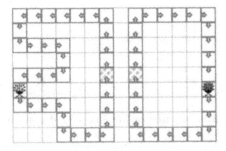

Abb. 8.10. Busstrecke mit markierten Haltestellen

Es gibt in MultiKara einen einzigen globalen Meeting Room, der aus allen Weltfeldern besteht, die als Meeting Room-Felder markiert sind. Die Käfer können die Meeting Room-Felder mit ihren Sensoren nicht wahrnehmen. Die Koordination der Prozesse beim Betreten der Felder obliegt dem Scheduler. Der Meeting Room hat zwei Zustände: in und out. Im Zustand in dürfen die

Käfer den Meeting-Room nur betreten, aber nicht verlassen. Im Zustand out dürfen sie den Raum verlassen, aber nicht mehr betreten.

Zu Beginn ist der Meeting Room im Modus in (grüne Färbung der Felder). Jeder Käfer, der den Meeting Room betreten hat, wird schlafen gelegt. Sind alle Käfer im Meeting Room, werden sie aufgeweckt, und der Meeting Room wechselt in den Zustand out (rote Färbung). Der Raum darf jetzt nur noch verlassen werden. Das gilt so lange, bis alle Käfer den Raum verlassen haben. Will ein Käfer den Raum wieder betreten, bevor alle anderen draussen sind, wird ihm dieser Übergang verboten und er wird schlafen gelegt. Sind alle Käfer draussen, so wechselt der Meeting Room seinen Zustand nach in, und wartende Käfer werden aufgeweckt.

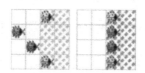

Abb. 8.11. Meeting Room in den Zuständen in und in out

Die Lösung unserer Aufgabe ist mit dem Meeting Room-Mechanismus einfach: Die Haltestellen werden als Meeting Room markiert (siehe markierte Felder in Abbildung 8.10). Das Programm muss so nur dafür sorgen, dass die Marienkäfer den Strassen entlang laufen.

Ohne den Meeting Room-Mechanismus sind Aufgaben, bei denen die Marienkäfer aufeinander warten müssen, schwieriger zu lösen. Das Hauptproblem ist, dass ein Käfer zwar den anderen sieht, aber nicht weiss, wann der andere ihn auch gesehen hat. So kann es vorkommen, dass ein Käfer am anderen einfach vorbei läuft: Er hat ihn gesehen, wird vom Scheduler gleich wieder berücksichtigt und beginnt seine nächste Runde, ohne dass der andere ihn auch gesehen hätte.

Beispiel 5: Phasen mit Barrier-Zuständen implementieren

Wenn mehrere Prozesse ein Problem gemeinsam lösen, lässt sich der Ablauf häufig in verschiedene Phasen aufteilen. Jeder Prozess muss eine Phase beendet haben, bevor die Prozesse die nächste Phase beginnen dürfen. So läuft zum Beispiel der Verbindungsaufbau bei Übertragungsprotokollen in Phasen ab: Daten werden erst gesendet, wenn beide Seiten die Begrüssung, den so genannten „Handshake", vollständig abgearbeitet haben.

In MultiKara helfen die Barrier-Zustände, den Programmablauf in Phasen zu unterteilen. Die Barrier im Programm entspricht dem Meeting Room in der Welt. Es gibt eine einzige globale Barrier, die aktiviert wird, sobald ein Prozess einen Barrier-Zustand betritt. Im Programm-Editor werden Barrier-Zustände mit einer dicken, gestrichelten Umrandung gekennzeichnet (Abbildung 8.12).

Betritt ein Prozess einen als Barrier markierten Zustand, so wird die Barrier aktiv und rot eingefärbt. Der Prozess wird so lange schlafen gelegt, bis alle anderen Prozesse ebenfalls einen Barrier-Zustand in ihren Programmen betreten haben. Sind alle Prozesse in einem Barrier-Zustand, wird die Barrier inaktiv, und wechselt ihre Farbe wieder zu grün.

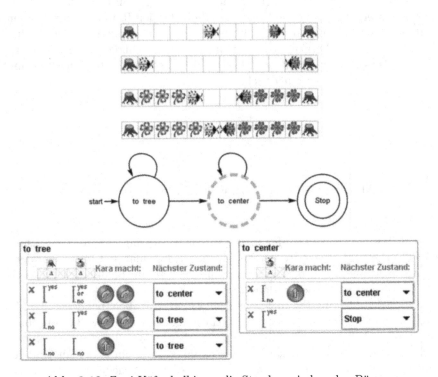

Abb. 8.12. Zwei Käfer halbieren die Strecke zwischen den Bäumen

Ein einfaches Barrier-Beispiel zeigt Abbildung 8.12. Die beiden Käfer sollen sich in der Mitte zwischen den Bäumen treffen. Zunächst läuft im Zustand to tree jeder Käfer zu einem der beiden Bäume. Dann laufen sie im Zustand to center aufeinander zu. Dieser Zustand ist ein Barrier-Zustand: Die Käfer warten nach jedem Schritt, bis auch der andere Käfer einen Schritt gemacht hat. Damit ist sichergestellt, dass beide Käfer einen gleich langen Weg zurücklegen, unabhängig von ihrer Priorität.

Betrachten wir ein etwas komplexeres Problem. Ein durch Bäume begrenztes Rechteck soll von mehreren Marienkäfern mit Kleeblättern gefüllt werden. Abbildung 8.13 zeigt eine mögliche Ausgangslage und das gefüllte Rechteck. Die gesuchte Lösung soll für ein bis vier Marienkäfer funktionieren, wobei deren Startpositionen und Blickrichtung beliebig sind und das Rechteck genügend gross sein soll.

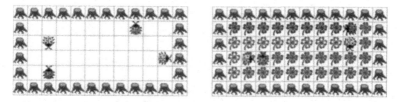

Abb. 8.13. Rechteck füllen: Ausgangslage und gefülltes Rechteck

Es sind verschiedene Lösungsansätze für dieses Problem denkbar. Als Bedingung an unsere Lösungen stellen wir, dass wir für alle Käfer das gleiche Programm verwenden können. Unser Programm lässt die Käfer das Rechteck spiralförmig von aussen nach innen füllen. Abbildung 8.14 zeigt das Zustandsdiagramm unseres Programms.

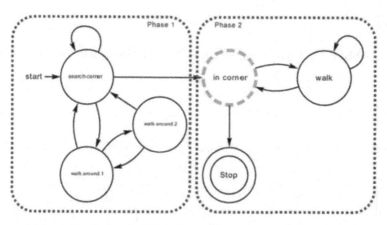

Abb. 8.14. Rechteck füllen: Zustandsdiagramm des Programms

Das Programm läuft in zwei Phasen ab. In der ersten Phase sucht sich jeder Käfer eine freie Ecke des Rechtecks. Abbildung 8.15 zeigt die Zustände der ersten Phase. Die Käfer versuchen, einfach gerade aus bis zu einer Wand zu laufen (Zustand search corner). Wenn ihnen dabei ein anderer Käfer in die Quere kommt, umlaufen sie ihn (Zustände walk around 1 und walk around 2).

In Phase zwei belegt jeder Marienkäfer jeweils eine Kante mit Kleeblättern, dreht sich, macht einen Schritt vorwärts und wartet auf die anderen Käfer. Abbildung 8.16 zeigt die Zustände der zweiten Phase. Diese Phase wird solange wiederholt, bis das Rechteck gefüllt ist. Im Barrier-Zustand in corner warten die Käfer aufeinander, im Zustand walk belegen sie je eine Kante. Ein Hinweis: Der Schritt vorwärts vor dem Warten ist nötig, damit einem Käfer mit tieferer Priorität nicht von einem Käfer mit höherer Priorität der Weg abgeschnitten werden kann.

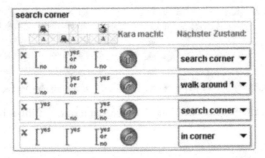

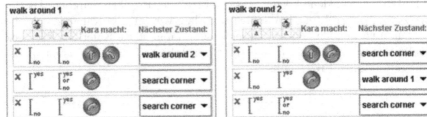

Abb. 8.15. Rechteck füllen, Phase 1: Die Käfer suchen freie Ecken

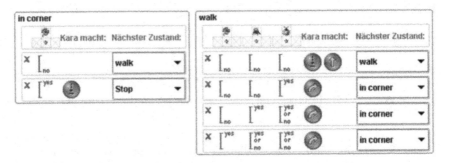

Abb. 8.16. Rechteck füllen, Phase 2: Eine Kante belegen

Der beschriebene Algorithmus funktioniert nur dank starker Einschränkungen der Synchronisation: Nach jeder Kante werden die Käfer wieder gleichgetaktet. Gibt es einen Algorithmus, bei dem jeder Käfer in seinem eigenen Tempo arbeiten kann? Diese Frage ist nicht einfach zu beantworten und bleibt daher vorläufig offen.

Beispiel 6: Konsumenten und Produzenten mit Critical Section-Zuständen

Mit dem Monitor-Mechanismus kann ein gegenseitiger Ausschluss auf bestimmten Bereichen der Welt realisiert werden. Mit den Critical Section-Zuständen kann der gegenseitige Ausschluss ortsunabhängig im Zustandsraum realisiert werden. Es gibt eine globale Critical Section, die aus allen Critical Section-Zuständen aller Automaten besteht. Zu jedem Zeitpunkt kann höchstens ein Prozess in einem Critical Section-Zustand sein. Im Programmeditor sind die kritischen Zustände durch dicke, grüne Umrandungen markiert.

Ein Prozess beansprucht die Critical Section, sobald er einen kritischen Zustand betreten will. Ist die Critical Section frei, so kann der Prozess den Zustand betreten. Die kritischen Zustände aller anderen Prozesse werden dadurch gesperrt und zur Visualisierung im Programmeditor rot eingefärbt. Versucht ein Prozess einen kritischen Zustand zu betreten, während ein anderer Prozess die Critical Section besetzt, so wird er schlafen gelegt. Er wird vom Scheduler erst wieder aufgeweckt, wenn der Prozess, der aktuell die Critical Section besitzt, einen nicht kritischen Zustand betritt.

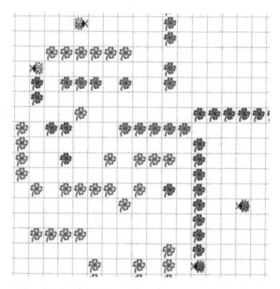

Abb. 8.17. Der gelbe Käfer (hellgrauste) produziert Reihen von Kleeblättern, welche die anderen Käfer mit eigenen Blättern ersetzen.

Als Beispiel betrachten wir eine spielerische Variante des Konsumenten-Produzenten-Problems (Abbildung 8.17). Der gelbe Käfer (der hellgrauste der Käfer) ist der Produzent und versucht immer wieder zufallsgesteuert, Reihen von Kleeblättern in der Welt abzulegen. Als Einschränkung darf er

lediglich horizontale oder vertikale Reihen legen, die nicht unmittelbar neben-
einander liegen, sondern sich höchstens an einer Ecke berühren. Die anderen
Käfer sind die Konsumenten und sollen jeder für sich alle Kleeblätter einer
Reihe durch die eigenen ersetzen. Es dürfen nie zwei Käfer in der gleichen
Reihe Kleeblätter ersetzen. Zudem dürfen die Konsumenten mit dem Erset-
zen in einer Reihe nicht beginnen, bevor der Produzent mit dieser Reihe fertig
ist. Somit müssen sowohl die Produktion der Kleeblattreihen als auch deren
Konsumation kritische Abschnitte sein.

Das Programm für den Produzenten ist einfach (Abbildung 8.18). Er
läuft im Zustand walk zufallsgesteuert durch die Welt. Mit einer gewissen
Wahrscheinlichkeit wechselt er gelegentlich in den Zustand put leaves. Dieser
Zustand ist ein Critical Section-Zustand, damit der gegenseitige Ausschluss
gewährt werden kann. Solange die Felder links, vorne und rechts frei sind,
reiht der Produzent in diesem Zustand mit einer gewissen Wahrscheinlichkeit
Kleeblätter aneinander. Ist eines der Felder durch ein Kleeblatt oder einen
Konsumenten besetzt, so wird die Kleeblattreihe abgebrochen und der Pro-
duzent wechselt in den Zustand walk zurück.

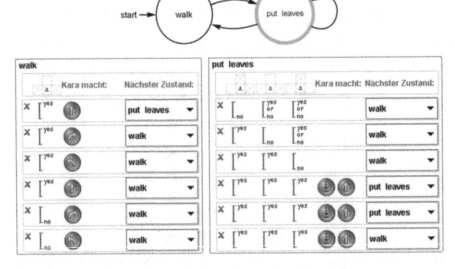

Abb. 8.18. Programm für den Produzenten

Das Programm für die Konsumenten ist etwas komplexer (Abbildung
8.19). Im Zustand search laufen sie auf der Suche nach einer Kleeblattspur
zufallsgesteuert durch die Welt. Wenn sie eine Spur finden, wechseln sie in
den Zustand find end. In diesem Zustand laufen sie zu einem Ende der Spur,

um dann im Zustand replace die Blätter der Spur durch eigene Blätter zu ersetzen. Schliesslich verlassen sie im Zustand leave die Kleeblattspur, ohne dabei mit anderen Käfern zu kollidieren. Damit das Zusammenspiel mit dem Produzenten funktioniert, sind die drei Zustände find end, replace und leave, in denen die Konsumenten auf der Spur arbeiten, Critical Section-Zustände.

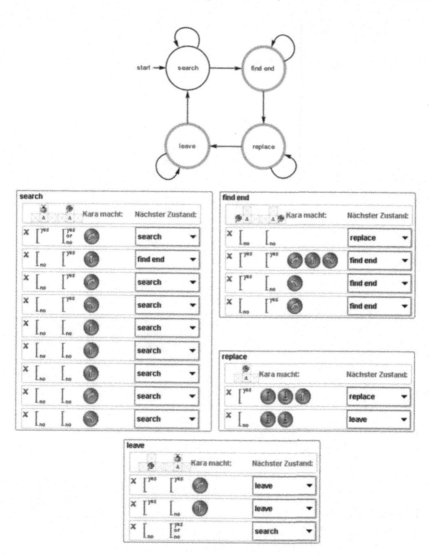

Abb. 8.19. Programm für die Konsumenten

JavaKara –
Ein sanfter Übergang von Kara zu Java

Die mit Kara erstellten Programme haben einen einzigen Zweck: Schülerinnen und Schüler sollen als Teil der Allgemeinbildung einen Einblick in die Grundlagen von Algorithmen und Programmen erhalten. Die Programme haben keinen direkten weiteren Nutzen. Um wirkliche Probleme mit Hilfe von Programmen zu lösen, braucht es eine professionelle Programmiersprache. Das Erlernen und die Beherrschung einer solche Sprache ist aufwändig, die Fehlersuche in Programmen oft mühsam und zeitraubend. Der Vorwurf, Kara vermittle keinen Eindruck davon, wie das Programmieren in einer modernen Programmiersprache aussieht, ist naheliegend. Man schreibt in der spielerischen Umgebung des Marienkäfers einige Programme, um dann nachher doch ins kalte Wasser von C, C++, Java oder irgendeiner anderen mächtigen Programmiersprache geworfen zu werden.

Hier setzt die Umgebung JavaKara an und bietet einen sanften Übergang von Kara zu Java. Die Lernumgebung (Abbildungen 9.1 und 9.2) stützt sich weiter auf die anschauliche, grafische Welt des Marienkäfers ab. Die Welt von JavaKara ist identisch mit der Welt von Kara. Das Programmier-Modell der endlichen Automaten wird aber abgelöst durch Java. An die Stelle des Automaten-Editor tritt ein Text-Editor. Kara wird in Java programmiert, Programme müssen kompiliert werden, kurz: Schülerinnen und Schüler werden nun mit allen Möglichkeiten und Tücken einer grossen Programmiersprache konfrontiert. Gegenüber einem direkten Einstieg in die Sprache Java hat JavaKara den Vorteil, dass der Output der Programme weiterhin in der Welt des Marienkäfers visualisiert wird. Die Schüler sehen so unmittelbar, was ihre Programme machen.

Java ist eine mächtige objektorientierte Programmiersprache. Objektorientierung dient der Strukturierung komplexer Systeme und ist damit ausgerichtet auf das Programmieren im Grossen. Bevor man grosse Softwaresysteme selber entwickeln kann, braucht es Kenntnisse und Erfahrung im Programmieren im Kleinen. Das Ziel von JavaKara ist ausgerichtet auf dieses Programmieren im Kleinen und will den Lernenden die Grundlagen der prozeduralen Programmierung vermitteln. Mit JavaKara lernen Schülerinnen und Schüler

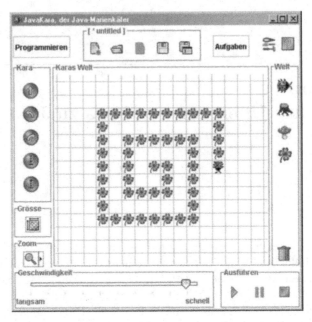

Abb. 9.1. Die JavaKara-Umgebung (Welteditor)

eine kleine Untermenge von Java kennen, ohne mit der Komplexität der gesamten Sprache und ihrer Klassen-Bibliotheken konfrontiert zu werden. Ohne ein Verständnis dieser Konzepte macht es keinen Sinn, sich mit Objektorientierung zu beschäftigen.

Mit einer Mini-Umgebung wie JavaKara können die Aspekte der Objektorientierung nicht sinnvoll abgedeckt werden. Trotzdem auferlegt JavaKara seinen Benutzern keinerlei Einschränkungen. Ihnen steht die vollständige Sprache Java mit all ihren Bibliotheken zur Verfügung.

9.1 Die JavaKara-Umgebung

In JavaKara werden Programme mit einem Texteditor geschrieben. Ein Programmgerüst hilft den Benutzern, ihre Programme zu schreiben. Die Abbildung 9.3 zeigt das Programmgerüst. Es dokumentiert kurz die wichtigsten Objekte und deren Methoden und zeigt als Beispiel eine Klasse FindeBaum. Deren Hauptprogramm lässt den Marienkäfer bis zum nächsten Baum laufen.

Benutzer leiten ihre Programme von der Klasse JavaKaraProgram ab. Diese Klasse stellt eine kompakte Schnittstelle zur eigentlichen Umgebung zur Verfügung, so dass die Benutzer nur die für sie relevanten Ausschnitte sehen. Abbildung 9.4 zeigt die drei Objekte, auf die der Benutzer Zugriff hat: Das Objekt kara ist die Schnittstelle, um den Käfer zu steuern; world erlaubt es,

Abb. 9.2. Die JavaKara-Umgebung (Programmeditor)

```
import JavaKaraProgram;
/*
 * COMMANDS:
 *    kara.move()           kara.turnRight()        kara.turnLeft()
 *    kara.putLeaf()        kara.removeLeaf()
 * SENSORS:
 *    kara.treeFront()      kara.treeLeft()         kara.treeRight()
 *    kara.mushroomFront()  kara.onLeaf()
 */
public class FindeBaum extends JavaKaraProgram {

    // eigene Methoden hier definieren

    public void myProgram() {
        // das Hauptprogramm ist hier, zum Beispiel:
        while (!kara.treeFront()) {
            kara.move();
        }
    }
}
```

Abb. 9.3. Programmgerüst für JavaKara-Programme

die Welt direkt zu bearbeiten; und **tools** bietet einige nützliche Methoden wie fensterbasierte Ein- und Ausgabe. In der Regel ist das **kara**-Objekt für den Programmierer am wichtigsten. Seine Befehls- und Abfragemethoden sind daher vollständig im einleitenden Kommentar des Programmgerüsts dokumentiert.

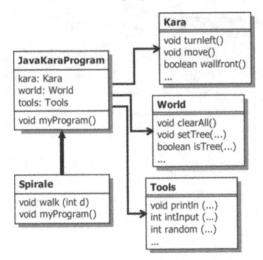

Abb. 9.4. Die Struktur eines JavaKara-Programms

Das Hauptprogramm muss in einer Methode mit dem Namen myProgram geschrieben werden. Diese Methode ruft die Umgebung auf, sobald der Benutzer sein Programm ausführen will. Eigene Methoden und Variablen können beliebig innerhalb der Klasse definiert werden. Es gibt eine technische Einschränkung, die aber Neulingen kaum auffallen wird. Falls die Klasse einen Konstruktor definiert, so darf dieser keine Parameter haben. Der Grund ist, dass die Umgebung ein Objekt der benutzerdefinierten Klasse instanziert und nicht wissen kann, welche Werte einem Konstruktor übergeben werden sollten.

9.2 Beispielaufgaben

Das Programmgerüst spielt bei JavaKara die Rolle eines „Hallo Welt"-Programms. Die Benutzer lernen die Umgebung kennen, den Umgang mit dem Compiler und seinen Fehlermeldungen. Das „Hallo Welt"-Programm dient als Ausgangspunkt für erste eigene Experimente und kann beliebig modifiziert werden. Anschliessend kann man sich sukzessive mit der Syntax und Semantik von Java vertraut machen. Im Folgenden stellen wird drei Kategorien von JavaKara-Beispielen mit zunehmendem Schwierigkeitsgrad vor.

Kategorie 1: Direkte Steuerung des Marienkäfers

Diese Kategorie von Aufgaben umfasst Beispiele, in denen der Marienkäfer direkt gesteuert wird. Alle Aufgaben der auf endlichen Automaten basierenden Kara-Umgebung gehören zu dieser Kategorie. In JavaKara zeigen diese Beispiele Konzepte wie Methoden, Kontrollstrukturen und Boole'sche Logik.

Das folgende Listing zeigt ein Programm, das den Marienkäfer endlos einer Wand aus Bäumen entlang laufen lässt.

```
public class FollowTrees extends JavaKaraProgram {

public void myProgram() {
while (true) {
if (kara.treeFront() && kara.treeRight()) {
kara.turnLeft();
}
else if (!kara.treeFront()) {
if (kara.treeRight()) {
kara.move();
}
else {
kara.turnRight();
kara.move();
}
}
}
}

}
```

Kategorie 2: Direkter Zugriff auf die Welt

Im Unterschied zur Kara-Umgebung kann in JavaKara direkt über das world-Objekt auf die Welt zugegriffen werden. Die Welt ist ein zweidimensionaler Array mit Befehlen wie world.setLeaf (int x, int y, boolean putLeaf) und Abfragen wie world.isLeafAt (int x, int y).

Die Beispiele in dieser Kategorie gehen deutlich über die Aufgaben der Kara-Umgebung hinaus. Sie machen die Schülerinnen und Schüler vertraut mit Arrays als eine der grundlegenden Datenstrukturen. Der nachfolgende Ausschnitt stammt aus einem Programm, das „schwarz-weiss"-Apfelmännchen zeichnet. Das Resultat ist in Abbildung 9.5 zu sehen.

```
public void myProgram() {
WIDTH = world.getSizeX();
HEIGHT= world.getSizeY();
world.clearAll();

for (int row = 0; row < HEIGHT; row++) {
for (int col = 0; col < WIDTH; col++) {
double x = calcMandelX(col); // method not shown
double y = calcMandelY(row); // method not shown
int i = test(x, y);
```

```
if (i == ITERATIONS) {
world.setLeaf(col, row, true); // direct access to world
}
}
}
}

int test (double x, double y) {
double tmpX = 0, tmpY = 0;
int i = 0;
do {
double tmp2X, tmp2Y;
i++;
tmp2X = tmpX*tmpX - tmpY*tmpY + x;
tmp2Y = 2*tmpX*tmpY + y;
tmpX = tmp2X;
tmpY = tmp2Y;
} while (((tmpX*tmpX + tmpY*tmpY) <= 4) && (i < ITERATIONS));
return i;
}
```

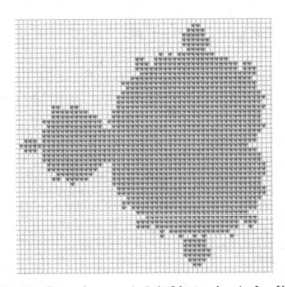

Abb. 9.5. Ein „schwarz-weiss"-Apfelmännchen in JavaKara

Kategorie 3: Algorithmisch anspruchsvolle Aufgaben

Die dritte Kategorie von Aufgaben umfasst Beispiele, die als algorithmisch anspruchsvoll beschrieben werden können. Die Idee ist, JavaKara zur Visualisierung zu benutzen, so dass sich der Programmierer auf das Wesentliche, auf den eigentlichen Algorithmus konzentrieren kann. Beispiele sind das Suchen eines kürzesten Weges in einem Labyrinth, das Acht-Damen-Problem oder Mustererkennung mit neuronalen Netzen.

Als ein Beispiel betrachten wir die Implementation von Lindenmayer-Systemen. Eine auführlichere Beschreibung findet sich zum Beispiel in [PJS94]. Der Biologe Aristid Lindenmayer wandte kontextfreie Grammatiken an, um das Wachstum von Pflanzen zu beschreiben. Wir nehmen an, dass ein Turtle-Graphiksystem zur Verfügung steht. Dieses System kenne die Bewegungsbefehle der Kara-Umgebung: F für einen Schritt vorwärts sowie L und R für Links- beziehungsweise Rechtsdrehung um einen festen Winkel, zum Beispiel 90°. Diese drei Befehle können als Alphabet für Lindenmayer-Grammatiken benutzt werden. Ein Wort, das aus den Buchstaben dieses Alphabets gebildet wird, ist eine Wegbeschreibung für die Turtle. Eine einfache Grammatik besteht beispielsweise lediglich aus der folgenden Ersetzungsregel:

$$F \rightarrow FLFRFRFLF$$

Abb. 9.6. Grammatik mit nur einer Ersetzungsregel

Diese Ersetzungsregel wird wiederholt auf ein beliebiges Wort angewendet, das aus den Buchstaben F, L und R besteht. Dabei wird jeweils jedes Vorkommen von F entsprechend der Ersetzungsregel ersetzt. Betrachten wir als Beispiel, wie die Regel zwei Mal auf das Wort „F" angewendet wird:

$$F \rightarrow FLFRFRFLF$$

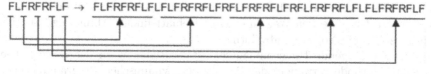

Abb. 9.7. Die ersten zwei Iterationen

Die Länge der resultierenden Zeichenkette wächst exponentiell. Die Zeichenkette beschreibt eine immer detaillierter werdende Schneeflockenkurve, wie sie in Abbildung 9.8 dargestellt ist.

Abb. 9.8. Ein einfaches Lindenmayer-System

Lindenmayer-Systeme lassen sich mit JavaKara einfach implementieren. Eine einfache Suche-/Ersetze-Regel gibt an, wie die Zeichenkette generiert werden soll. Die gezeigte Methode interpret geht die Zeichenkette Buchstabe für Buchstabe durch und steuert den Käfer entsprechend durch die Welt. So wird nebenbei das Konzept des Interpreters in einer grafisch anschaulichen Weise demonstriert.

```
public class PatternGenerator extends JavaKaraProgram {
/** Execute the F, L, R commands in string. */
void interpret (String string, int stepLength) {
for (int i = 0; i < string.length(); i++) {
if (string.charAt(i) == 'F') {
forward(stepLength);
}
else if (string.charAt(i) == 'L') {
kara.turnLeft();
}
else if (string.charAt(i) == 'R') {
kara.turnRight();
}
}
}
// rest of class not shown
}
```

Im nächsten Beispiel soll Kara von einer beliebigen Startposition in einem Labyrinth den kürzesten Weg zu einem Kleeblatt findet. Abbildung 9.9 zeigt ein Beispiel eines solchen Labyrinths.

Der nachfolgende Programmausschnitt zeigt den Kern der Lösung. Die gezeigte Methode verwendet den Ansatz der dynamischen Programmierung: Sie berechnet die kürzesten Wege durch das Labyrinth von der gewünschten Zielposition des Feldes mit dem Kleeblatt zu allen anderen Feldern des Labyrinths. Dazu wird eine Datenstruktur weltFelder aufgebaut, die für jedes Feld der Welt speichert, von welchem Nachbarfeld aus es vom Kleeblatt her kommend erreicht werden kann. Der Algorithmus beginnt beim Feld mit dem Kleeblatt und betrachtet sukzessive dessen Nachbarfelder und deren Nachbar-

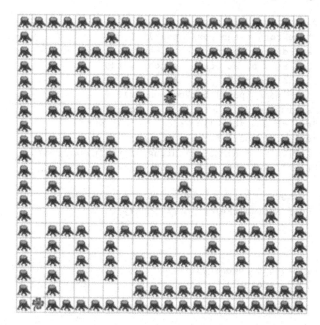

Abb. 9.9. Kürzester Weg in einem Labyrinth

felder und so weiter. Wenn auf einem Nachbarfeld des aktuell betrachteten Feldes kein Baum steht und dieses Nachbarfeld noch nicht auf anderem Wege besucht wurde, dann wird in der Datenstruktur weltFelder für dieses Nachbarfeld ein Verweis auf das aktuelle Feld gespeichert. Der Algorithmus arbeitet so alle vom Kleeblatt her erreichbaren Felder ab und berechnet dabei für alle Felder den kürzesten Weg zum Kleeblatt. So kann der Käfer anschliessend entlang der in weltFelder gespeicherten Richtungen auf dem kürzesten Wege zum Kleeblatt gelangen.

```
void berechneWege() {
// offeneFelder speichert die Felder, die vom Kleeblatt her
// erreicht, aber noch nicht verarbeitet worden sind.
ArrayList offeneFelder = new ArrayList();
// finde Position des Kleeblatts
Point kleeblattPunkt = findeKleeblatt();
offeneFelder.add(weltFelder[kleeblattPunkt.x][kleeblattPunkt.y]);

// arbeite alle vom Kleeblatt her erreichbaren Felder ab
while (offeneFelder.size() > 0) {
// betrachte erstes noch nicht abgearbeitetes Feld
WeltFeld aktivesFeld = (WeltFeld) (offeneFelder.get(0));
// suche alle Nachbarfelder des aktuellen Feldes ab
for (int i = 0; i < 4; i++) {
int posX = aktivesFeld.posX + deltas[i][0];
```

```
int posY = aktivesFeld.posY + deltas[i][1];
if (gueltigeKoordinaten(posX, posY)) {
// wenn auf dem Nachbarfeld kein Baum ist, und
// wenn das Feld nicht schon besucht wurde
if (!world.isTree(posX, posY) &&
!(weltFelder[posX][posY].hatVorgaenger)) {
// dann speichere den "Wegweiser" zu dem Feld,
// von dem her das aktuelle Feld erreicht wurde
weltFelder[posX][posY].setzeVorgaenger(
deltas[i][2], // <- Himmelsrichtung um von posX, PosY
aktivesFeld // auf aktivesFeld zu kommen
);
// suche spaeter weitere Wege vom aktuellen Feld aus
offeneFelder.add(weltFelder[posX][posY]);
}
}
}
// Feld ist jetzt abgearbeitet
offeneFelder.remove(0);
}
}
```

Die Beispiele der Lindenmayer-Systeme und der kürzesten Wege illustrieren die grosse Spannbreite an Aufgaben, die mit JavaKara gelöst werden können. Beide Aufgaben könnten auch direkt mit Java gelöst werden. Der Vorteil von JavaKara ist aber, dass die Welt und damit das graphische Interface bereits zur Verfügung steht.

Bei den vorangehenden Beispielen liegt der Schwerpunkt auf den Algorithmen und weniger auf Java als Sprache. Am Beispiel der Lindenmayer-Systeme kann das Thema Iteration versus Rekursion diskutiert werden. Für das Problem der kürzesten Wege sind verschiedene andere Lösungsansätze denkbar. Anstelle der dynamischen Programmierung könnte beispielsweise auch ein Backtracking implementiert werden.

Die Lernumgebung JavaKara vermittelt einen nahtlosen Übergang von Kara zu Java. Der Schüler kann seine ersten kleinen Java-Programme schreiben und bewegt sich dabei immer noch in einer spielerischen Welt. Den Möglichkeiten von JavaKara sind aber natürlich Grenzen gesetzt. Auch wenn man prinzipiell mit Javakara über das ganze Potential von Java verfügt, wird man früher oder später den Marienkäfer in seiner Welt zurücklassen und sich einer profesionellen Programmierumgebung zuwenden. Das mit Kara erworbene Verständnis geht dabei aber nicht verloren!

Umgebungen für den Programmierunterricht

Die Entwicklung von Informatik-Systemen aller Art für den Einsatz in der Informatik-Ausbildung hat eine lange Geschichte, zumindest für den Zeitbegriff der Informatik. Die ersten Entwicklungen reichen bis in die 1960er Jahre zurück. So wurden viele Programmiersprachen und -umgebungen entwickelt, die speziell auf die Bedürfnisse von Einsteigern ins Programmieren ausgerichtet sind. Es gibt unterschiedliche Ansätze – die Spannbreite reicht von an Computerspiele angelehnten Umgebungen bis hin zu vollwertigen Programmiersprachen wie Pascal, deren Bedeutung weit über ihren Einsatz in der Ausbildung hinausgeht. Zu den einflussreichen frühen Projekten und Entwicklungen zählen Seymour Paperts Aktivitäten mit dem Ziel, Kindern das Programmieren einer „Schildkröte" in Logo beizubringen. Als Beispiel für den Entwurf von speziell für den Unterricht gedachten Programmiersprachen sei BASIC (Beginners All-purpose Symbolic Instruction Code) von Kemeny und Kurtz erwähnt. Don Bitzers PLATO-System (Programmed Logic for Automated Teaching Operations) für Computer-Assisted Instruction nutzte den Computer als Lernmedium und wurde während zwei Jahrzehnten von mehreren hunderttausend Studierenden verwendet.

In diesem Kapitel stellen wir einige Systeme vor, welche ähnliche Zielsetzungen wie die Kara-Lernumgebungen verfolgen. Unsere Auswahl erhebt keinen Anspruch auf Vollständigkeit, sondern beschränkt sich auf einige ausgewählte Programmierumgebungen. Der Blick über Kara hinaus scheint uns wichtig. Es lohnt sich ein Themengebiet in seinen Kontext einzuordnen und sich der Übereinstimmungen und Unterschiede der verschiedenen Zugänge zum Programmieren bewusst zu sein.

10.1 Umgebungen im Umfeld von Kara

Die Entwicklung der Programmierumgebungen für Unterrichtszwecke wurde stark beeinflusst durch die Turtle-Grafik in Logo. Die Turtle-Grafik kann als erstes Beispiel einer Mini-Sprache gelten, auch wenn Logo eine vollwertige Programmiersprache ist. Der Erfolg von Logo und insbesondere der Turtle-Grafik gaben den Anstoss zur Entwicklung von Mini-Sprachen und Mini-Umgebungen für den Programmierunterricht. Die erste eigentliche Mini-Umgebung mit einer eigens konzipierten Sprache war „Karel the Robot". Auf Karel folgten viele weitere Mini-Umgebungen. Die Idee der Mini-Umgebung wird auch von Kara aufgegriffen, und hinsichtlich der Welt lehnt sich Kara in vielen Teilen an Ideen von Karel an.

Logo und die Schildkröten-Geometrie

Seymour Papert leitete in den 1970er Jahren am Massachusetts Institute of Technology einige vielbeachtete Projekte mit dem Ziel, Kinder zu den Konstrukteuren ihrer eigenen intellektuellen Gebäude zu machen. Insbesondere sollten Kinder in die Lage versetzt werden, sich selber geometrische Zusammenhänge zu erschliessen. Der Computer sollte dabei den Kindern als mächtiges Werkzeug zur Erzeugung von geometrischen Figuren dienen. So sollte Mathematik und insbesondere Geometrie greifbarer und anschaulicher werden. In diesem Umfeld wurde die Programmiersprache Logo entwickelt. Logo ist eine professionelle Programmiersprache von entsprechender Komplexität. Um Logo für den Geometrieunterricht einzusetzen, beschränkt man sich auf eine überschaubare Untermenge. Diese Untermenge wird für die so genannte „Turtle Geometry", die „Schildkröten-Geometrie" verwendet.

Paperts Ziel bei der Entwicklung der Turtle Geometry war, den Kindern eine Lernumgebung für Mathematik zu bieten. Den Anstoss dazu lieferte die Beobachtung, dass ein Kind, das in Mathematik schwach ist, oft als mathematisch unbegabt abgestempelt wird. Ein anderes, das in einer Fremdsprache wie zum Beispiel französisch schwach ist, wird hingegen nicht als französisch unbegabt betrachtet. Wir wissen aus Erfahrung, dass jedes Kind in Frankreich ohne bewusste Anstrengung französisch lernen würde. Einem Kind, das in französisch schwach ist, fehlt einfach die natürliche Lernumgebung Frankreich. Papert argumentierte, dass im „Math-Land" jedes Kind Mathematik so natürlich lernen würde wie seine Muttersprache. Die Schildkröte und die dazugehörige Lernumgebung der Turtle Geometry waren Paperts Vision von Math-Land.

Die Schildkröte hat eine Position und schaut in eine beliebige Richtung. Diese zwei Eigenschaften beschreiben den aktuellen Zustand der Schildkröte vollständig. Die Befehle, welche die Schildkröte versteht, sind ebenfalls einfach: Sie kann sich vorwärts bewegen und dabei eine Spur zeichnen oder auch nicht, und sie kann an Ort und Stelle drehen. Die Schildkröte ist blind und hat keinerlei Information über den Zustand der Welt. Turtle Geometry beschränkt sich somit auf das Erzeugen geometrischer Muster.

Logo stützt sich stark auf Rekursion und erlaubt es so, zeitliche Abläufe knapp und klar zu formulieren. Logo kennt auch Variablen, Parameter, Verzweigungen, Wiederholungen, Funktionen und vieles mehr. Abbildung 10.1 zeigt ein Programm, dass eine Schneeflockenkurve zeichnet.

```
to snowflake :length
if :length < 10
[ move :length ]
[ snowflake :length/3
  left 60
  snowflake :length/3
  right 120
  snowflake :length/3
  left 60
  snowflake :length/3 ]
```

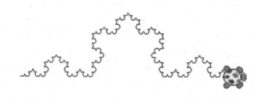

Abb. 10.1. Schneeflockenkurve mit StarLogo

Beim Einsatz von Logo im Unterricht stehen Probleme aus der Mathematik im Vordergrund. Es geht um das Lösen geometrischer Probleme, um das Erschaffen eines Programmes, das eine Idee mit Hilfe des Computers umsetzt. „Learning by making" ist für Papert mehr als „learning by doing": Die Schüler machen nicht nur etwas, sondern sie erschaffen sich ihre eigenen Aufgaben und durch deren Lösung ihr eigenes Wissen. Wichtig ist, dass man nicht nur etwas erschafft, sondern es auch reflektiert: Warum macht das Programm nicht das, was ich will? Wie könnte ich die Idee einfacher umsetzen?

Logo ist aber nicht so einfach, wie man auf den ersten Blick glauben könnte. Es war Paperts Absicht, „eine Computersprache zu entwerfen, die für Kinder angemessen war. Das bedeutet nicht, dass sie eine Spielzeugsprache sein sollte. Im Gegenteil, sie sollte die Leistungsfähigkeit professioneller Programmiersprachen besitzen, aber sie sollte auch einfache Einstiegsmöglichkeiten für nichtmathematische Anfänger bieten" [Pap82].

Karel, the Robot

Obwohl Logo nicht mit dem Ziel entworfen wurde, Programmieren zu unterrichten, hat Logo dennoch die weitere Entwicklung von Mini-Umgebungen für das Programmieren beeinflusst. Die erste prominente Mini-Umgebung dieser Art war Karel the Robot, die Richard Pattis 1981 entwickelte und in seinem Buch *Karel the Robot – A Gentle Introduction to the Art of Programming* beschrieb [Pat95]. Pattis legt den Schwerpunkt auf das Lösen von Problemen mittels strukturiertem, sorgfältig geplantem Vorgehen. Er betonte die Bedeutung der Unterscheidung verschiedener Phasen: präzise Definition des Problems, Planung der Lösung, Implementierung der Lösung, Testen des Programms und Debugging.

Karel the Robot wird in einer auf die Bedürfnisse von Anfängern ausgerichteten Mini-Sprache programmiert, die sich an Pascal anlehnt. Karel hat die Idee der Turtle übernommen, aber diskretisiert: Der Roboter lebt in einer einfachen, gitterförmigen Welt. Er kann sich nur in den vier Himmelsrichtungen von Gitterpunkt zu Gitterpunkt bewegen. Zwei Arten von Objekten

können in seiner Welt auftreten: Wände zwischen den Gitterpunkten und so
genannte „Beepers" (Piepser), die bei den Gitterpunkten auf dem Boden liegen. Im Gegensatz zur Schildkröte hat Karel Sensoren, mit denen er seine
unmittelbare Umgebung wahrnehmen kann. So weiss er, ob es vor ihm eine
Wand hat, ob es unter ihm Piepser hat und in welche Richtung er gegenwärtig
schaut. Karel trägt einen Sack mit sich, in dem er Piepser sammeln kann, und
er versteht Befehle wie move, turnleft, pickbeeper, putbeeper.

Bei einer Einführung ins Programmieren mit Karel werden typischerweise
Schritt für Schritt die grundlegenden Elemente imperativer Programmiersprachen eingeführt: Verzweigungen, Schleifen und Prozeduren. Datentypen und
-strukturen kennt Karels Programmiersprache nicht. Die grafische Umgebung
von Karel erlaubt es, das Konzept der Invariante in einer intuitiven, grafisch
anschaulichen Art und Weise einzuführen. Als Beispiel führt das folgende Programm Karel endlos einer Wand entlang. Es zeigt, wie Befehle und Sensoren
von Karel verwendet und neue Prozeduren definiert werden.

```
BEGINNING-OF-PROGRAM
  DEFINE-NEW-INSTRUCTION turnright AS BEGIN
    turnleft;
    turnleft;
    turnleft;
  END;
  DEFINE-NEW-INSTRUCTION wallfind AS BEGIN
    WHILE front-is-clear DO
      move;
  END;
  BEGINNING-OF-EXECUTION
    wallfind;
    WHILE front-is-blocked DO BEGIN
      turnright;
      WHILE front-is-clear DO BEGIN
        move;
        turnleft;
      END
    END
  END-OF-EXECUTION
END-OF-PROGRAM
```

Die Welten, in denen sich Karel und Kara bewegen, unterscheiden sich nur
wenig voneinander. Ein grundlegender Unterschied liegt aber in der Programmiersprache. Kara wird mit endlichen Automaten programmiert, die ein einfaches Programmiermodell darstellen und leicht grafisch erstellt werden können.
Karel hingegen wird in einer Pascal-ähnlichen Sprache programmiert. Für er-
fahrene Programmierer ist Karels Sprache einfach. Einsteiger ins Programmieren werden aber mit der Syntax und den resultierenden Syntaxfehlern
konfrontiert. Das ist frustrierend für Anfänger, die sich in einer für sie neuen
und fremden Sprache ausdrücken müssen.

Nachfolger von Karel the Robot

Seit der ersten Version von Karel the Robot sind zahlreiche weitere Versionen erschienen, von denen wir hier nur eine kurz vorstellen. Um Neulinge bei der syntaktischen Struktur ihrer Programme zu unterstützen und unnötige Tippfehler vermeiden zu helfen, stellt die Karel Genie-Umgebung von Chandhok und Miller einen Struktureditor zur Verfügung (Abbildung 10.2) [CM89]. Der Benutzer schreibt seine Programme mit Hilfe von kontextsensitiven Menüs, die ihm für die aktuelle Cursorposition die jeweils syntaktisch erlaubten Strukturelemente anbieten. Nur wenig muss von Hand eingegeben werden, wie zum Beispiel Variablen- oder Prozedurnamen, so dass die Anzahl Syntaxfehler typischerweise gering ist. Karel Genie ist Teil einer ganzen Familie von Struktureditoren, die für den Macintosh implementiert wurden. Eine kurze Geschichte weiterer Mini-Umgebungen präsentieren Brusilovsky et al. in [BCH+97].

Objektorientierte Nachfolger von Karel the Robot

Andere Nachfolger des Karel-Ansatzes basieren auf anderen Programmiersprachen als auf Pascal. Die grosse Verbreitung der objektorientierten Programmierung gab den Anstoss, Mini-Sprachen auf der Basis objektorientierter Sprachen zu entwickeln. Bergin implementierte mit Karel++ eine Umgebung, in welcher der Roboter in einer auf C++ oder auf Java basierenden Sprache programmiert wird [Ber97]. Das Schwergewicht liegt dabei auf dem Vermitteln objektorientierter Konzepte wie Klassen, Vererbung, Polymorphismus und insbesondere auf der Unterteilung eines Systems in einzelne Klassen. Es gibt einige weitere Umgebungen, deren Sprachen auf Java basieren, zum Beispiel den Hamster von Boles [Bol99]. Allerdings ist die Lebensspanne solcher Umgebungen begrenzt auf die Zeitperiode, in der die zugrunde liegende Programmiersprache populär ist.

Frameworks für den Einstieg ins Programmieren

Ein anderer Ansatz für den Programmierunterricht ist die Verwendung eines kleinen Frameworks. Der Lehrer übergibt den Lernenden ein Framework, das diese in eigenen Programmen erweitern. Typischerweise beinhaltet das Framework Code zur Visualisierung, so dass die Studierenden in eigenen Programmen schnell einen visuellen Output erhalten. Der wesentliche Unterschied zur Verwendung einer Mini-Umgebung ist, dass beim Framework-Ansatz an Stelle einer speziellen Mini-Sprache eine professionelle Sprache verwendet wird.

Ein Beispiel eines solchen Frameworks ist IBMs RoboCode [IBM03]. Wie Abbildung 10.3 zeigt, ist RoboCode sowohl ein Java-Framework, das man erweitern kann, als auch eine Mini-Umgebung in Form einer einfachen integrierten Entwicklungsumgebung. Die zugrunde liegende Idee ist etwas martialisch und lehnt sich an Ballerspiele an: Man programmiert Roboter, die man auf einem Schlachtfeld gegeneinander antreten lässt.

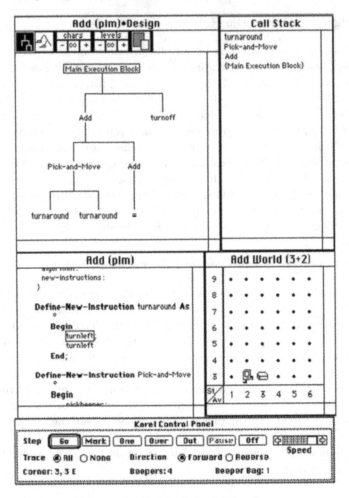

Abb. 10.2. Die Karel Genie-Umgebung

Das folgende Listing zeigt ein einfaches RoboCode-Programm. Das Hauptprogramm (Methode run) lässt den Roboter endlos vorwärts und rückwärts laufen und dabei seine Kanone rotieren. In RoboCode müssen die Roboter so programmiert werden, dass ihre Programme nebenläufig ausführbar sind, da beliebige viele Roboter einander bekämpfen können. Das Framework stellt deshalb einfache Event-Handling-Mechanismen zur Verfügung, damit die Roboter auf externe Ereignisse reagieren können. Im folgenden Beispiel gibt der Roboter in der Methode onScannedRobot einen Schuss ab. Diese Methode wird vom System aufgerufen, wenn sein Visier einen anderen Roboter erfasst.

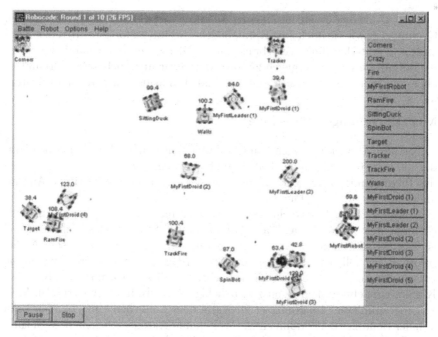

Abb. 10.3. Die RoboCode-Umgebung

```
package man;
import robocode.*;
public class MyFirstRobot extends Robot {
  public void run() {
    while (true) {
      ahead(100);
      turnGunRight(360);
      back(100);
      turnGunRight(360);
    }
  }
  public void onScannedRobot(ScannedRobotEvent e) {
    fire(1);
  }
}
```

RoboCode ist komplexer als die anderen erwähnten Mini-Umgebungen, da
sich der Programmierer in das Event-Handling einarbeiten muss. Die gesamte Programmier-Schnittstelle zum RoboCode-System umfasst mehr als zwei
Dutzend Klassen mit über hundert Methoden. Zumindest eine grobe Vorstellung der Klassen dieser Schnittstelle und ihrer Zusammenhänge braucht man,
um mehr als nur triviale RoboCode-Roboter zu programmieren.

RoboCode bietet einen Zugang zu vielen Aspekten von Java, von den Grundlagen, wie sie auch JavaKara abdeckt, bis hin zu fortgeschrittenen Konzepten: Event-Handling, Vererbung, innere Klassen und nebenläufige Prozesse. RoboCode ist im Vergleich zu JavaKara zwar anspruchsvoller, erlaubt es aber dem Benutzer auch, sich weitergehende Kenntnisse in Java zu erarbeiten.

Mini-Umgebungen für Kinder

Einige Mini-Umgebungen sind an Computer-Spiele angelehnt und haben Kinder als primäre Zielgruppe. Dabei steht nicht eine klassische Einführung in das Programmieren im Vordergrund, sondern mehr eine spielerische Auseinandersetzung mit dem Thema.

Als ein Beispiel betrachten wir die KidSim-Umgebung, die kommerziell unter dem Namen StageCast Creator läuft [SCS94]. Das ambitiöse Ziel ist es, das so genannte „end-user programming problem" zu lösen: Nicht-Informatiker sollen in die Lage versetzt werden, selber kleinere Programme zu entwickeln. Als ein erster, kleiner Schritt in diese Richtung erlaubt es die KidSim-Umgebung dem Benutzer, beliebige Akteure in einer virtuellen Welt zu programmieren. Im Kontrast zu Karel oder ähnlichen Umgebungen kann sich der Benutzer bei KidSim eigene Welten und Akteure erschaffen. Man kann zum Beispiel einen Akteur zeichnen und ihm beliebige Attribute zuordnen wie height, weight, oder likes chocolate. Diese Attribute können in den eigenen Programmen verwendet werden. Ein KidSim-Programm ist eine Menge von grafischen „rewrite rules". Eine solche Regel gibt an, wie eine Konfiguration der Welt in eine andere Konfiguration übergeführt wird. Abbildung 10.4 zeigt ein einfaches Spiel aus dem KidSim-Tutorial. Die Regel in dem Regeleditor (unten rechts) führt den Akteur einen Schritt weiter, sofern es kein Hindernis vor ihm hat. Eine zweite Regel lässt den Akteur einem Hindernis durch einen Schritt nach oben ausweichen.

Die grafischen Regeln werden konstruiert mittels eines „programming by demonstration"-Mechanismus. Man zeichnet Ausgangskonfiguration und die Endkonfiguration der Regel sowie Zwischenschritte für die Animation des Übergangs. Die Reihenfolge der Regeln spielt dabei eine grosse Rolle. Wenn mehr als eine Regel auf die aktuelle Konfiguration der Welt zutrifft, so wird die erste Regel ausgewählt. Das macht es bei nicht trivialen Aufgaben schwierig, die Reihenfolge richtig festzulegen.

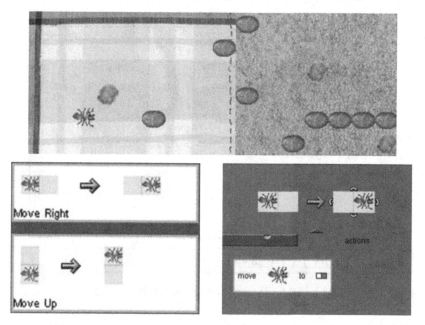

Abb. 10.4. StageCast: Welt, Regel-Übersicht und Regeleditor

10.2 Umgebungen im Umfeld von TuringKara

Es gibt im Web eine grosse Zahl von Simulationen zu Turing-Maschinen, viele in Form von Java-Applets. Die meisten Programme lassen sich in zwei Kategorien einteilen. Die erste Kategorie sind Programme, bei denen das Band der Turing-Maschine grafisch dargestellt wird, aber der Benutzer die Turing-Maschinen selbst textuell eingibt, Übergang für Übergang. Diese Art der Bedienung ist umständlich, fehleranfällig und lenkt die Studierenden vom eigentlichen Problemlösen ab. Die zweite Kategorie von Programmen bietet eine grafische Darstellung von vorgegebenen Turing-Maschinen, sowohl ihrer Zustände und Übergänge als auch des Bandes. Typischerweise kann der Benutzer die Logik dieser Maschinen nicht selber erzeugen oder verändern, sondern lediglich ihrer Ausführung zuschauen.

Es gibt einige Turing-Maschinen-Umgebungen, die nicht in diese beiden Kategorien fallen. So kann zum Beispiel in Barwise und Etchemendy's *Turing's World* der Benutzer selber Turing-Maschinen in einem grafischen Editor erzeugen und anschliessend ausführen [BE00]. Abbildung 10.5 zeigt als Beispiel eine Turing-Maschine, die bei Eingaben von As und Bs nach einer beliebigen Anzahl von As gefolgt von einer beliebigen Anzahl von Bs auf dem nächsten Feld stoppt, auf dem kein B steht.

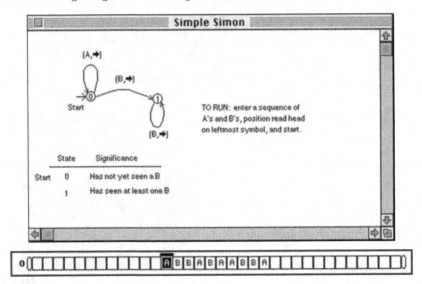

Abb. 10.5. Turing-Maschine in Turing's World

Die Editoren für Turing-Maschinen in Turing's World und in TuringKara unterscheiden sich nicht wesentlich. Der Unterschied liegt vielmehr beim Band, auf dem die Maschinen arbeiten: Turing's World verwendet ein eindimensionales Band, TuringKara eine zweidimensionale Welt. Dadurch vereinfacht TuringKara das Lösen von vielen Aufgaben, da sich die zu verarbeitenden Daten besser so anordnen lassen, dass der Zugriff einfacher wird.

10.3 Umgebungen im Umfeld von MultiKara

Obwohl nebenläufige Programmierung in modernen verteilten Systemen eine wichtige Rolle spielt und zur täglichen Arbeit von unzähligen Entwicklern gehört, gibt es wesentlich weniger Lehrbücher dazu als zur sequentiellen Programmierung. Auch gibt es nur wenige didaktische Ansätze zur Einführung in die nebenläufige Programmierung, und Mini-Umgebungen gibt es fast keine.

StarLogo ist eine nebenläufige Version von Logo, in welcher der Benutzer eine beliebige Anzahl Akteure kontrollieren kann [CKR01]. Die Systeme sind gedacht für die Ausführung einer grossen Anzahl nebenläufiger Prozesse. StarLogo eignet sich somit für die Simulation von verteilten, dynamischen Prozessen. Abbildung 10.6 zeigt, wie die Entstehung von Ameisenhaufen in StarLogo simuliert werden kann. Dieses Beispiel ist mit vielen anderen in der StarLogo-Umgebung integriert.

Abb. 10.6. Simulation der Entstehung von Ameisenhaufen mit StarLogo

Zu Beginn werden Ameisen (graue Punkte in der Abbildung) und Holzstückchen (schwarze Punkte) zufällig verteilt. Die Ameisen laufen dann zufallsgesteuert in der Welt herum, bis sie ein Holzstückchen finden. Diese trans-
portieren sie zu einem anderen Holzstückchen oder lassen es an einem anderen
Ort wieder liegen. Durch diese einfachen Regeln entstehen mit der Zeit die
Ameisenhaufen.

Alice ist eine interaktive Animations-Umgebung für dreidimensionale Welten [DCP00]. Das Hauptziel ist, nebenläufige Programmausführung grafisch
so zu visualisieren, dass man den Programmablauf ohne Debugger nachvollziehen kann. Der Benutzer konstruiert eine dreidimensionale Welt wie das
Tutorial-Beispiel in Abbildung 10.7. Die Animations-Programme haben Zugriff auf die Elemente der Szenerie, die in einer hierarchischen Baumstruktur
angeordnet sind. Das gezeigte Animations-Programm lässt einen Hasen Richtung Hubschrauber schauen und hüpfen, während gleichzeitig die Rotorblätter
des Hubschraubers rotieren. Diese Animationssequenzen sind an Ereignisse
gebunden: HelicopterBladesSpin wird beim Start der Animation ausgeführt,
BunnyHop nur dann, wenn der Benutzer die Leertaste drückt.

In Alice gibt es kein Konzept von Zustand, und die Animations-Programme
für einzelne Elemente der Welt sind unabhängig voneinander. Da es auch
keinen Speicher in Form von Variablen gibt und da die Programme untereinander nicht kommunizieren können, reagieren sie immer genau gleich auf
externe Ereignisse. Alice eignet sich somit gut, um die parallele Ausführung
von mehreren Prozessen grafisch anschaulich darzustellen, aber weniger gut,
um weiterführende Konzepte nebenläufiger Programmierung aufzuzeigen.

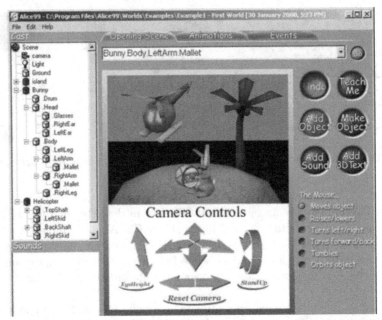

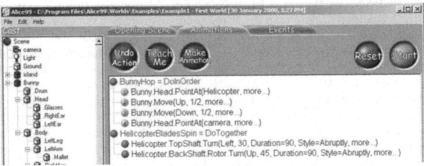

Abb. 10.7. Alice: Szenerie und zwei Animations-Programme

10.4 Rundblick und Ausblick

Programmieren ist die Reduktion des Lösungsverfahrens zu einem gegebenen Problem auf vorgegebene elementare Operationen und Daten. Um diese etwas abstrakte Formulierung zu illustrieren und zu verstehen, spielt es grundsätzlich keine Rolle, welche Probleme und elementare Operationen und Daten wir verwenden. Wenn das Ziel also nicht praktischer Nutzen, sondern Verständnis ist, wählt man intuitiv leicht verständliche, spannende Probleme und Berechnungsmodelle. Dies führt dann oft dazu, dass ernsthaftes Lernen mit spielerischem Vergnügen verbunden ist, wie ja fast alle Spiele eine intellektuelle Herausforderung enthalten.

Es ist deshalb interessant zu fragen, welche anderen Ansätze zum Erlernen des Programmierens, die sich auf andere Berechnungsmodellen als die oben beschriebenen stützen, eingesetzt werden oder denkbar sind. Hier sind in erster Linie Logik-Programmierung und funktionale Programmierung zu nennen. Zu diesen Themen gibt es etliche Lehrbücher, die sich für Anfänger eignen. Zum Thema Logik-Programmierung sind zum Beispiel *The Art of Prolog* [SS94] oder *Programming in Prolog* [CM94] zu nennen, zum Thema funktionale Programmierung zum Beispiel *Introduction to Functional Programming* [BSM98].

Der Einstieg in Logik-Programmierung wird erleichtert, wenn man sich zunächst mit Prädikatenlogik beschäftigt. So bietet zum Beispiel *Tarski's World* eine Einführung in die Prädikatenlogik [BE00]. Das Programm lässt den Benutzer einfache, dreidimensionale Welten erstellen, in die er geometrische Objekte stellt (Abbildung 10.8). Es gibt verschiedene Arten von Objekten wie Würfel oder Pyramiden, die Eigenschaften wie Grösse oder Farbe aufweisen. Der Benutzer kann Sätze in Prädikatenlogik zu einer Welt formulieren und vom System testen lassen, ob diese Sätze zutreffen oder nicht. So lernt der Benutzer auf grafisch anschauliche Art und Weise Prädikatenlogik und eignet sich damit die Grundlagen von Logik-Programmierung an.

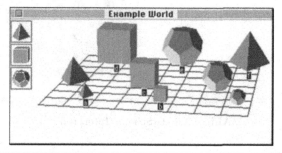

Abb. 10.8. Tarski's World

Einen Einstieg in funktionale Programmierung bietet die Mini-Umgebung JKarelRobot [BS01]. Der Roboter kann unter anderem in einer auf LISP beziehungsweise Scheme basierenden Sprache programmiert werden. Durch die Einbettung in die einfache Welt des Roboters findet der Benutzer so einen anschaulichen Zugang zur funktionalen Programmierung. Ebenfalls auf die Bedürfnisse von Einsteigern ausgerichtet ist DrScheme, eine integrierte grafische Entwicklungsumgebung für Scheme-Programmierung [FFFK01]. So kann man zum Beispiel zuschauen, wie die Funktionen eines Programms Schritt für Schritt angewendet werden (Abbildung 10.9).

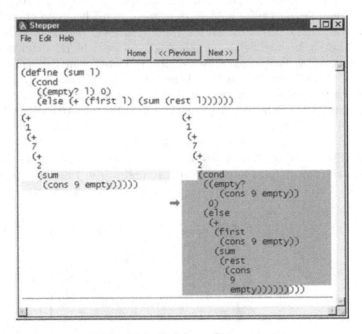

Abb. 10.9. DrScheme Interpreter

Sowohl Logik- wie auch Funktionale Programmierung können auf einer kleinen Menge von vorgegebenen Primitiven aufgebaut werden. Es ist also leicht möglich, sich auf Teilmengen der gewählten Programmiersprache zu beschränken. Diese Beschränkung der Komplexität bedingt allerdings in vielen Fällen, dass die übliche professionelle Programmierumgebung ersetzt wird durch eine massgeschneiderte einfachere Umgebung.

Wir schliessen mit der Beobachtung, dass bisher die meisten Programmierumgebungen für Anfänger sich stark an konventionelle Programmiersprachen angelehnt haben. Dies war zweckmässig in der Zeit, als Programmieren noch notwendige Vorbedingung zur Nutzung des Computers gesehen wurde. Heute, da dies für die grosse Mehrheit der Computerbenutzer nicht mehr zutrifft, und Programmieren wegen seines intellektuellen Inhalts gerechtfertigt wird, sind sicher noch allerlei neuartige Ansätze denkbar.

11

Und die Moral von der Geschicht?

Die Zielsetzungen dieses Buches sind über das ganze Spektrum von Möglichkeiten verteilt, von der Lernumgebung Kara als praktischem Werkzeug für den Unterricht zur abstrakten Theorie und weiter zu bildungspolitischen Fragen. Wir fassen die wichtigsten Punkte und Thesen nochmals kurz zusammen.

Elementare Kenntnisse über die Arbeitsweise von Computer als Teil der Allgemeinbildung

Programmieren als notwendiger Bestandteil der täglichen Arbeit mit dem Computer, das war einmal, und kommt nicht wieder zurück. Darin gehen wir mit der heute weit verbreiteten Meinung einig. Wir denken aber, dass in der Ausbildung vielerorts das Kind mit dem Bade ausgeschüttet wurde, als deswegen das Programmieren aus den Lehrplänen gleich ganz entfernt wurde. Wenn ein Werkzeug so allgegenwärtig geworden ist, wie es der Computer heute ist, und wenn wir ihm so viele wichtige Entscheide überlassen, dann ist es angebracht, dass gebildete Menschen etwas über die Kernideen verstehen, mittels denen wir dem Computer unsere Wünsche beibringen. Programme sind die Formulierungen solcher Wünsche, und eigene Erfahrungen im Programmieren als Teil der Allgemeinbildung ist der Weg zum Verständnis der Arbeitsweise von Computern.

Einführung in die Programmierung

Falls man die These „Einblick in das Programmieren als Teil der Allgemeinbildung" akzeptiert, wie soll man sie umsetzen? Mit Java, Logikprogrammierung, oder durch Betonung auf Modellierung? Wir vertreten die Ansicht, dass viele Wege nach Rom führen, und dass Lehrer durchaus ihre persönlichen Präferenzen vertreten dürfen. Nur ein unnötiges Hindernis soll ausgeräumt werden – man soll die Schülerinnen nicht gleich am Anfang mit komplizierten Systemen abschrecken. Im Laufe von Jahrzehnten sind viele Programmiersprachen und -systeme entwickelt worden, die sich explizite an Anfänger richten. Alle uns bekannten sind in ihrer Grundtendenz vollwertige Sprachen mit entsprechend beträchtlicher Komplexität. Wenn der Zweck des Systems nicht seine Mächtigkeit ist, sondern der didaktischer Wert, wie gut es einige grundlegende Konzepte illustriert, dann braucht es kein professionelles Programmiersystem.

Theorie als Ausgangspunkt für den Informatikunterricht

Das Beispiel Kara zeigt, dass sich die Theorie als Ausgangspunkt für Betrachtungen im Informatikunterricht eignet (siehe auch Hartmann und Nievergelt *Informatik und Bildung zwischen Wandel und Beständigkeit* [HN02]). Endliche Automaten und Turingmaschinen sind zwei Beispiele für einen theorieorientierten Ansatz im Unterricht. Wir sind überzeugt, dass für einen guten Informatikunterricht die wesentlichen Grundlagen der Theorie unverzichtbar sind. Die Aussage „nichts ist nützlicher als eine gute Theorie" trifft dann zu, wenn ein Gedankengerüst von allgemeiner Anwendbarkeit als Datenkompression wirkt. Viele Einzelfälle werden in einer übergeordneten, abstrakten Struktur zusammengefasst, welche die wesentlichen Eigenschaften der Einzelfälle darstellt. Abstraktion ist ein äusserst nützlicher Prozess zur Reduktion auf das Wesentliche. Abstraktion heisst aber nicht, dass die zugrunde liegenden Gedankengänge in aller Allgemeinheit, eben abstrakt, vermittelt werden sollen. Gerade für den Unterricht an allgemeinbildenden Schulen gelten weniger strenge Anforderungen als in der entsprechenden Fachdisziplin an einer Hochschule. Die zentralen Themen sollten an einfachen, überzeugenden Beispielen dargestellt werden, und auch spielerische Aspekte müssen nicht zu kurz kommen. Kara ist ein Beispiel für ein geglücktes Zusammenspiel von Theorie und praktischer Umsetzung im Unterricht.

Kara – die erste Etappe beim Programmieren lernen

Kara ist wohl das einzige weitherum eingesetzte System, das auf dem Berechnungsmodell „Endlicher Automat" beruht. Kara erlaubt einen sanften Einstieg ins Programmieren, kann aber auch zur Einführung in die Probleme und Konzepte nebenläufiger Programmierung oder zur Illustration von Turing-Maschinen eingesetzt werden. Die Lernumgebung ist modulartig aufgebaut und umfasst Aufgabenstellungen mit unterschiedlichem Schwierigkeitsgrad. Sie kann einige Tage bis Wochen nutzbringend eingesetzt werden. Nach diesem sanften Start der Reise führen immer noch alle Wege nach Rom.

Literaturverzeichnis

[BCH⁺97] Brusilovsky, P., Calabrese, E., Hvorecky, J., Kouchnirenko, A., and Miller, P. Mini-languages: A way to learn programming principles. *Education and Information Technologies*, 2(1):65–83, 1997.

[BE00] Barwise, J., and Etchemendy, J. *Language, Proof and Logic*. CSLI Publications, 2000. http://www-csli.stanford.edu/hp/ (Juni 2003).

[Ber97] Bergin, J. *Karel++: A Gentle Introduction to the Art of Object-Oriented Programming*. Wiley, New York, 1997.

[Bol99] Boles, D. *Programmieren spielend gelernt. Mit dem Java-Hamster-Modell*. Teubner, 1999.

[BS01] Buck, D., and Stucki, D. J. JKarelRobot: A case study in supporting levels of cognitive development in the computer science curriculum. In *Proceeding of the Thirty-second SIGCSE Technical Symposium on Computer Science Education*, volume 33, pages 16–20, February 21–25 2001.

[BSM98] Bird, R., Scruggs, T. E., and Mastropieri, M. A. *Introduction to Functional Programming*. Prentice Hall, second edition, April 1998.

[CKR01] Colella, V. S., Klopfer, E., and Resnick, M. *Adventures in Modeling: Exploring Complex, Dynamic Systems with StarLogo*. Teachers College, May 2001. Siehe auch http://education.mit.edu/starlogo/ (Juni 2003).

[CM89] Chandhok, R. P., and Miller, P. L. The design and implementation of the Pascal GENIE. In *Proceedings of the seventeenth annual ACM conference on Computer science: Computing trends in the 1990's*, pages 374–379, 1989.

[CM94] Clocksin, W. F., and Mellish, C. S. *Programming in Prolog*. Springer-Verlag, Berlin, fourth edition, 1994.

[dBOM99] du Boulay, B., O'Shea, T., and Monk, J. The black box inside the glass box: Presenting computing concepts to novices. *International Journal of Human-Computer Studies*, 51(2):265–277, 1999.

[DCP00] Dann, W., Cooper, S., and Pausch, R. Making the connection: programming with animated small world. In *5th annual SIGCSE/SIGCUE conference on Innovation and technology in computer science education*, pages 41–44, 2000. Siehe auch http://www.alice.org/ (Juni 2003).

[Dew97] Dewdney, A. K. *Der Turing Omnibus – Eine Reise durch die Informatik mit 66 Stationen*. Springer-Verlag, 1997.

[Dij90] Dijkstra, E. W. *Reasoning About Programs*. University of Texas at Austin, May 1990. Video, 55 Minuten.

150　Literaturverzeichnis

[DS84]　Doyle, P. G., and Snell, L. J. *Random Walks and Electric Networks*, volume 22 of *The Carus Mathematical Monographs*. The Mathematical Association of America, 1984.

[FFFK01]　Felleisen, M., Findler, R. B., Flatt, M., and Krishnamurthi, S. *How to Design Programs*. The MIT Press, 2001. Siehe auch http://www.htdp.org/ und http://www.drscheme.org/ (Juni 2003).

[Gal98]　Gale, D. *Tracking the automatic ant and other mathematical explorations. A collection of mathematical entertainment columns from the Mathematical Intelligencer*. Springer, New York, 1998.

[GS02]　Guzdial, M., and Soloway, E. Teaching the nintendo generation to program. *Communications of the ACM*, 45(4):17–21, 2002.

[Har02]　Harel, D. *Das Affenpuzzle und weitere bad news aus der Computerwelt*. Springer-Verlag, 2002.

[HN02]　Hartmann, W., and Nievergelt, J. Informatik und Bildung zwischen Wandel und Beständigkeit. *Informatik-Spektrum*, 25(6):465–476, December 2002.

[Hun94]　Hungerbühler, N. A short elementary proof of the Mohr-Mascheroni theorem. *Amer. Math. Monthly*, 101(8):784–787, 1994.

[IBM03]　IBM. *RoboCode*. http://robocode.alphaworks.ibm.com/, Juni 2003.

[MB90]　Marxen, H., and Buntrock, J. Attacking the busy beaver 5. *Bulletin of the EATCS*, 40:271–251, February 1990.

[Mue77]　Mueller, H. A one-symbol printing automaton escaping from every labyrinth. *Computing*, 19:95–110, 1977.

[Nie95]　Nievergelt, J. Welchen Wert haben theoretische Grundlagen für die Berufspraxis? Gedanken zum Fundament des Informatik-Turms. *Informatik-Spektrum*, 18(6):342–344, December 1995.

[Nie99]　Nievergelt, J. „Roboter programmieren"– ein Kinderspiel. Bewegt sich auch etwas in der Allgemeinbildung? *Informatik-Spektrum*, 22(5), October 1999.

[Pap82]　Papert, S. *Mindstorms – Kinder, Computer und Neues Lernen*. Birkhaeuser, Basel, 1982.

[Pat95]　Pattis, R. E. *Karel the Robot – A Gentle Introduction to the Art of Programming*. Wiley, New York, second edition, 1995.

[PJS94]　Peitgen, H.-O., Jürgens, H., and Saupe, D. *Chaos. Bausteine der Ordnung*. Klett-Cotta, 1994.

[Pol21]　Polya, G. Über eine Aufgabe der Wahrscheinlichkeitsrechnung betreffend die Irrfahrt im Strassennetz. *Mathematische Annalen*, 84:149–160, 1921.

[Rad62]　Rado, T. On non-computable functions. *The Bell System Technical Journal*, XLI(3):877–884, May 1962.

[RP04]　Rechenberg, P., and Pomberger, G. *Informatik-Handbuch*. Hanser Fachbuch, third edition, 2004.

[SCS94]　Smith, D. C., Cypher, A., and Spohrer, J. KidSim: programming agents without a programming language. *Communications of the ACM*, 37(7):54–67, July 1994. Siehe auch http://www.stagecast.com/ (Juni 2003).

[SS94]　Sterling, L., and Shapiro, E. *The Art of Prolog*. The MIT Press, Cambridge, Mass., second edition, 1994.

[Tur37]　Turing, A. M. On computable numbers, with an application to the entscheidungsproblem. *Proceedings of the London Mathematical Society*, Series 2(42):230–265, 1936–1937.

Index

Druck und Bindung: Strauss GmbH, Mörlenbach